바이킹
시대의
탄생과
업적

바이킹 시대의
탄생과 업적

초판인쇄 2017년 3월 31일
초판발행 2017년 3월 31일

지은이 이희숙
펴낸이 채종준
기 획 조가연
디자인 조은아
마케팅 송대호

펴낸곳 한국학술정보(주)
주소 경기도 파주시 회동길 230(문발동)
전화 031 908 3181(대표)
팩스 031 908 3189
홈페이지 http://ebook.kstudy.com
E-mail 출판사업부 publish@kstudy.com
등록 제일산-115호(2000. 6. 19)

ISBN 978-89-268-7846-0 03920

The Birth of Viking Age
& Its Achievement

바이킹 시대의 탄생과 업적

이희숙 지음
Hee Sook Lee

들어가며

　바이킹 시대(850~1050)는 유럽의 광대한 지역을 점령한 스칸디나비아 항해 전사들이 활동한 황금 시기이다. 이교도 노르웨이, 덴마크, 스웨덴인들로 이들은 유럽에 무역, 식민지, 약탈을 위해 일련의 항해를 시작, 거의 250년 동안 영국 제도, 프랑스, 이탈리아와 러시아까지 활동하였다. 특히 동쪽에서는 붉은 머리 북구인(Norseman)의 루스(Rus, 레드)란 이름을 남겼다.

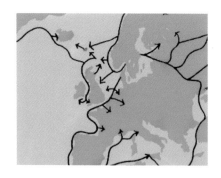

　노르웨이 바이킹은 대서양을 건너 북아메리카에 한 통로를 설립한 첫 유럽인이며 세트란드 섬, 파로에 섬, 아이슬란드, 그린란드, 그리고 빈란드를 확장하였다. 그들의 정력과 풍부한 예술은 옐링게, 맘멘, 링게리케, 우르네스 스타일의 동물 장식에서 표현된다. 또 11세기 노르웨이에 기독교 도착은 스테브 통나무 교회들을 훌륭한 조각 공예로 기여하였다.

　본래, 바이킹은 농업에 종사하였으나 8세기부터 무역, 약탈, 식민지 확장으로 바뀌었다. 죽음에 대한 경멸, 영광을 위한 갈증, 그리고 전투의 탁월에 홀려버려, 영웅심과 정열이 그들을 강하고 위험한 민족으로 만들었고 여기에 훌륭한 상업 기술도 추가되었다.

초기 승원 역사가들은 바이킹을 호전적인 교활, 잔인함으로 기록하였지만, 아이슬란드 사가 문학은 바이킹의 관대함, 똑바름, 유명한 전사들의 훈련성을 강조한다. 바이킹 이미지는 이 상반되는 특징이 강조됨에 따라 각각 다르나, 한 공통성은 그들의 대담스러운 결심이다. 따라서 바이킹 시대는 스칸디나비아 역사상 가장 위대하다.

여담이지만, 저자는 1975년 스칸디나비아 유학 후 즉시 타이티에 살던 인기 영화배우 마론 브란도를 만날 계획을 세웠다. 아! 노르웨이 도착 다음 날 오슬로 칼요한 가에서 금발의 바이킹 청년들에 저자의 마음은 변하였다. 그 결과, 이교도-기독교 바이킹의 역사와 문화를 소개하는 이 책이 발간된 것인가?

지금까지의 스칸디나비아 책들과 함께 이 책이 독자들에게 더 도움이 되기를 바란다. 또다시 저자는 하나님, 부모, 가족들의 보이지 않는 도움에 감사드린다.

2017년 4월
이희숙

초
기

바
이
킹

왕
국

왕국 설립

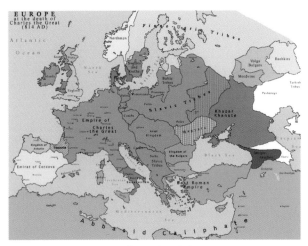

찰스 콜벡이 만든 왕 살레마네의 죽음(814) 후 유럽 지도

　스칸디나비아에 관한 첫 기록은 서기 79년 로마 철학가 플리니 (23~79)가 쓴 『자연역사(Naturalis Historia)』로 여기서 그는 스칸디나비아 를 "물 위의 위험한 나라"로 묘사하였다. 지리상으로 덴마크, 노르 웨이, 스웨덴을 의미하는 바이킹 민족 시대의 이해는 특히 8세기 후 이곳 사회, 문화가 유럽의 식민 영토에 어떻게 채택, 융합되는지 변화들을 조사함이다.

　전 유럽 대륙의 12%와 인구 3%의 약 천7백만을 가지는 스칸디 나비아국 중 덴마크는 최밀도의 5백만, 스웨덴은 8백만, 노르웨이 는 4백만이다. 바이킹 시기에는 인구 분배가 비교적 동등하여 덴마 크 유트란드(Jutland)의 모래 황무지, 노르웨이의 산악, 스웨덴의 숲을 제외하고 남쪽 스웨덴은 광대한 정착지였다.

따라서 현 스칸디나비아국들은 바이킹 시대의 시초에 존재하지 않았으며, 당시 사회는 앵글로-색슨 영국과 유럽 대륙의 왕들이 기독교로 개종하는 동안, 여전히 옛 구조를 유지하며 귀족과 일시적으로 족장들에 통치되었다. 그러나 10세기 유럽에서 활동한 군사 지도자들이 고국으로 돌아와 새로운 아이디어를 기르면서 스칸디나비아는 점차 기독교 개종을 시작하였다. 12세기 귀족주의는 옛 이데올로기에 기초한 권력 구조를 바꾸며, 이것을 특권, 문서, 법으로 정의하여 다음 세기에 서부 유럽 패턴에 따라 왕국을 세워 국가 정체성을 획득하였다.

덴마크(Denmark)

스칸디나비아국 중에서 가장 일찍 개발된 덴마크의 접두어 *mark*는 그 의미가 불확실하나, 나라 이름은 국민 "데인(the Danes)"에서 유래한다. 영토는 유트란드 반도, 핀과 셀란드의 큰 섬들, 약 500개의 작은 섬, 발트에 위치한 보른홀름 섬이다. 바이킹 시대, 스코네, 할란드, 블레킹게도 포함하였는데 이들은 1658년 스웨덴으로 양도되었다. 참나무와 자작나무의 광활한 숲에 모래 언덕과 열린 불모지를 가지며, 바다에서 55km 안이 모든 생활의 기본 영역이었다.

유럽 문화가 유트란드에 처음 도착하면서 덴마크는 10세기 통일 왕권의 중심지가 되었다. 투르의 그레고리(538/9~594)는 515년『프랑크 역사(The History of the Franks)』에서 덴마크 함대가 해안으로부터 골(현 프랑스)을 침략하였으며 그들이 어디서 왔으며 그들 왕이 얼마나 큰 지역을 통치하며 어떤 권력을 행사하였는지 알 수 없음을 보고하였다. 또 6세기 출처는 덴마크인을 강력한 군대로 기록, 프로코피우스(c.500~c.565)는 헤랄리가 스칸디나비아로 가는 길에 다노(Dano) 지역을 지나갔음을 알린다.

11

로마 영향이 유트란드에 도착한 점은 덴마크 철기 시대 매장의 진귀한 외교 선물들이 반영하지만, 스칸디나비아는 지리와 문화상 로마 제국 바깥이었다. 따라서 이 선물들은 국경 지역을 안전키 위한 수단으로, 선물교환 경제를 통해 지방 족장들에게 권한을 부여하고 그들 권력을 합병하려는 의도였다. 족장들은 이 선물들을 가지고 바이킹 이교도 신들의 직무를 대행하였으며 전쟁의 이데올로

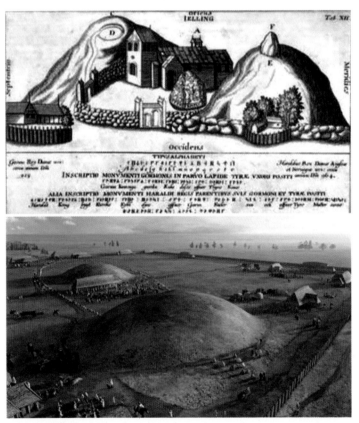

1591년 헨릭 란트차우 공국이 주문한 첫 알려진 이미지로, 옐링 왕조 고분과 룬스톤(위). 옐링 왕조 고분의 그래픽적 재건(드로잉: 내쇼날 지오그래픽)(아래)

지 설정에 이용하였다. 즉, 전쟁 약탈물을 땅에 매장함은 신에게 봉납을 뜻하여, 예로 유트란드에서 발굴한 진기한 매장 저장물(hoard)은 그들이 공동체를 대신하여 이교도 신들과의 소통을 설립하고 합법화하는 특수한 요소를 증명한다.

7~8세기 출처에서 덴마크인과 그들 왕에 관한 몇 정보가 있다. 우트렉의 주교이며 선교사 빌리브로드(c.658~739)는 "덴마크의 사나운 부족"을 통치한 왕 온겐두스를 방문하였음을 기록하였으며, 9세기 첫 중반기 프랑크 연감은 왕 살레마네와 그의 계승자들의 적대 수로 나타난 덴마크 왕들에 관한 가득 찬 정보를 제공한다.

8세기 유트란드에 조직화한 중앙 권력의 고고학적 증명에 의하면, 통나무로 줄 지운 해협에 위치한 전략 장소의 삼쇠 성은 726년 설립, 750년경 수선, 885년에 사용하였다. 또 유트란드 최하부에 놓인 다네비르케(Danevirke)의 14km 길이 성벽은 서쪽 북해로 흐르는 강 주위의 늪 지역들과 동쪽 프욜드 사이의 슐레스베그의 통과를

덴마크 남쪽인 독일로 향한 다네비르케 경계선

막았다. 첫 성벽이 737년 설치, 808년 왕 고드프레드에 의해 확장 되었다. 다네비르케는 방위를 위한 순수한 메커니즘 외에도 사람과 동물의 활동 움직임을 조정하였다.

영국-덴마크(노르웨이)를 통치한 카눌 대왕으로 그의 죽음 후 초자연적인 사건으로 성인이 됨. 14세기 중세기 마뉴스크립 머리글자에 나타난 초상

"덴마크"는 영국 요크의 대주교 불프스탄(사망 956)에 의해서도 불렸고, 10세기 이미지가 돌에 담긴 옐링 룬스톤에도 나타나 왕 고름의 계속적 왕권 계승을 알 수 있다. 덴마크 왕권은 960년 초 노르웨이를 정복한 아들 하랄드 불루투스(Harald Bluetooth, 사망 c.987) [1]에 확장

---

1 하랄드 불루투스는 왕 고름의 아들이며 스베인 포크비어드의 아버지, 크눌의 할아버지로 그의 이름은 고대 스칸디나비아어로 블로탄드(Blåtand), 어두운 얼굴색이다. 약 960년 옐링의 초기 룬스톤에서 그는 덴마크와 노르웨이를 통합, 덴마크 기독교화함을 주장하였다. 969년 다네비르케를 헤데비로 연장, 성벽을 재건하였다. 그가 세운 요새들은 V 모양 개울로 둘러싸며 땅과 잔디의 둥근 성벽으로 4컴퍼스 점에 관문을 가져, 왕권의 지역 권력을 대표, 약 10년간 사용되었다.

되었다. 987년 하랄드가 축출되며 고름의 손자 스바인 포크비어드
와 증손자 카눌[2]은 영국에 대항하려 군대를 이끌었다. 카눌이 앵글
로-스칸디나비아 왕(Great Canute, c.995~1035)이 되면서 두 나라 문화의
활발한, 규칙적 교환이 있었다.

노르웨이(Norway)

이름 "노르웨이"는 북해 서쪽 해안의 보호된 경로에서 유래된
것으로 *norvegar*, "북쪽 통로(north way)"의 의미이다. 해안은 셀 수 없
는 프욜드로 움푹 패여 실제 길이는 20,000km이며, 우뚝한 산들

아돌프 티드만과 한스 구데가 그린 「하당게 프욜드의 결혼식 행렬」, 1848년

---

2 카눌 대왕은 크눋(Cnut)으로 알려지며 덴마크, 영국, 노르웨이(앵글로-스칸디나비아) 왕이다.
  그의 죽음, 10년간 상속자들 죽음, 1066년 영국의 노르만 정복 후 거의 역사에서 사라졌지만,
  카눌은 덴마크 출신으로 앵글로-색슨 역사 가운데 최고로 실력 있는 왕이다.

을 가진다. 바이킹 시대의 인구는 프욜드 꼭대기 좁은 경계와 작은 평원에 한정, 사회 공동체가 비교적 고립되며 자체의 전통과 문화를 이루었다. 국토의 반이 600m 위에 위치하며 부드러운 경사의 몇 비옥한 지역은 남서의 야렌, 남동의 오슬로 프욜드, 북동의 트론데락이다. 현재까지도 경작 땅은 전 표면의 3%, 숲이 23%로 철, 나무, 순록, 엘크 등 야생동물과 바다 고래, 물개가 주요 생산이다. 북쪽 하고란드 해안은 인구가 옅으며, 이곳 바이킹은 북쪽의 스칸디나비아 원주민 사미(Sami)에게서 공물을 받았다.

노르웨이는 880년경 하랄드 파인헤어(Harald Finehair, c.860~940)에 의해 처음 통합되었는데, 그는 남노르웨이와 해안 지역들을 통치한 베스트폴드의 왕이었다. 약 930년 하랄드의 사망 후, 영토는 악명 높은 아들 에릭 블라드악스(Erik Bloodaxe, c.885~954)로 계속되었다. 노르웨이는 스웨덴과 국경을 나누며 덴마크와 육지 소통의 어려움으로 바다로 향한 기회를 찾았다. 따라서 영국 제도에 첫 기록된 바이킹 약탈은 서노르웨이 호다란드에서 시작, 북서 제도, 파로에 섬, 아이슬란드, 그린란드로 식민지 영토를 확장하였다.

스웨덴(Sweden)

이름 "스웨덴"은 중부 지역에 사는 스베아(svear)인들에서 근원을 가진다. 국토는 땅, 기후, 렐리프 등 변경하는 풍경으로 스코네 북쪽에서 스모란드의 낮은 초원까지 거의 인구가 없으며 덴마크와 지리적 경계를 나눈다. 중앙 평원지는 두 개의 비옥한 지역인 우프란드에 중심 둔 스베아와 바나르 동쪽에 고타르이다. 더 북쪽의 노란드는 숲과 암석으로 인구가 드물다. 남쪽 스웨덴의 해양 기후, 그리고 북쪽의 빙하와 눈의 추운 겨울로 국토의 57% 숲은 사냥과 어업 기회를 제공한다.

스웨덴의 첫 도시 비르카의 자취

스칸디나비아 북쪽에 거주하는 원주민인 사미 가족과 거처지 텐트

비록 스웨덴 왕들은 서쪽 잉글랜드와 노르망디에 수차례 바이킹의 정복에 합류하였지만, 동쪽으로 눈을 돌려 발트 해에서 남쪽 비잔틴 제국과 연결한 국제 무역을 개발하였다. 그들의 통치 범위는 알려지지 않으나 9세기 여러 왕이 도시 비르카(Virka)를 언급한다. 11~12세기가 되어서야 국가는 마침내 통합, 이것은 어스터고트란드와 배스터고트란드 간의 오랜 권력 투쟁 탓이다.

스웨덴과 노르웨이 북쪽 지역은 사미와 접촉되었다. 사미[3]는 바이킹 역사에 대부분 제거되어 19세기 바이킹 연구가 학문화되며 민속, 신화, 역사를 통해 스칸디나비아의 근원과 혈통을 추적하면서 사미가 원시 사냥-채집자로 연구되었다. 매장에 나타난 자료에 의하면 바이킹의 접경선이 사미의 활동 범위로 연장하였고, 발견된 자작나무 껍질과 음식물은 사미 활동이 남쪽에서도 순록에 의존함을 증명한다.

한마디로 지리, 문화, 지역적 차이에도 초기 스칸디나비아는 바다의 인접으로 서로 연합되며 다국적 정체성을 이룬다.

---

3 어휘 "사미(Sami)"는 언어와 주관적 기준의 배합을 바탕 두어 정의되며, 노르웨이, 스웨덴, 핀란드, 러시아에 거주하는 소수민족을 구성하는 토착민이다. 자체 영토, 인구, 언어를 가지며, 거주 지역 사프미(Sápmi)는 스웨덴 남쪽 달라르나의 이드레에서 북노르웨이 북극해와 러시아 코라 반도까지 영토 157,487km²로 펼친다. 사미는 내륙 빙하의 퇴각으로 해안선을 따라 거주, 현재 약 70,000(노르웨이 40,000, 스웨덴 30,000, 핀란드 6,000, 러시아 2,000)명이다.

도시 성장

스칸디나비아 초기는 철기 시대 후기의 사회 경제로 복합성과 정착 진화의 과정이다. 노르웨이와 스웨덴은 내륙에 거주한 소집단의 고립 농장 패턴을 설립하였고, 9세기 덴마크와 남스웨덴은 이동마을과 개인 농장을 가졌다. 10~11세기 토지 유세의 새로운 패턴으로 차차 정착이 이루어지며, hof, toft, torp 혹은 by로 끝맺는 이름들을 생산, 이들은 스칸디나비아와 바이킹 식민 지역들에서 사용되었고 여전히 발견된다.

덴마크의 경우, 역사가들은 500~800년 기간을 덴마크 하락 시

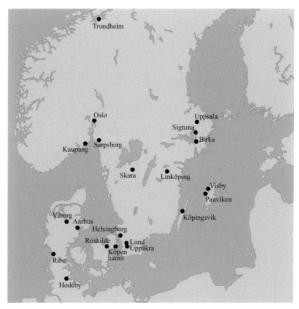

스칸디나비아의 초기 도시 정착지

대로 간주하였으나 최근 발굴들은 사회적 충화 성장으로 이 기간이 번성한 시대였음을 제시한다. 6세기 더 전문화된 지역이 나타나며, 어떤 지역은 생산지와 토지로서 귀중품을 얻기 위해 생산 초과의 교환 기회를 찾는 귀족들에 의해 설립되었다. 종교 기능도 여기에 병합하여 우프란드의 헬레, 고트란드의 파비엔 등등이다.

한 예로, 철기 시대 남동 편의 구드에서 50 농장의 정착은 1km²를 점령하였으며 이곳에서 발견한 금, 은을 포함한 금속 대상물들은 지방 귀족의 권력을 자랑하며 왕성한 공예인의 활동을 의미한다. 이곳 건물은 후기 철기 시대의 홀(hall) 타입에 로마 글라스와 그릇으로 식사하는 특이한 관저였으며, 또 숭배 기능을 가진 "신들의 집"이었다. 이들은 6세기부터 무역과 생산의 감소가 일어났음에도 바이킹 시대를 통해 계속 이루어졌다.

이동하기 쉬운 정착이 차츰 영구 마을로 대치되며, 도시 형성이 시작되었다. 도시 발전은 교구의 형성과 교회의 건설뿐 아니라, 곡식 생산의 증가와 가축처럼 움직이는 자원보다 영구적인 땅 소유를 요구하는데, 왕권 통제는 안정된 세금 수입을 보증하기 위한 정착이 필요하기 때문이다.

한편, 노르웨이는 습지, 숲, 강, 협곡의 자연적 조건으로 대부동산 경영이 어려워, 개인 소농장의 기본 구조는 6세기부터 변경되지 않았다. 대서양 해안선을 따라 재분배 경제를 경영하는 족장들은 그들 종속자들에게서 식량을 빌리는 보상으로 그들에게 진귀한 물품들을 전달하였다. 6세기경, 족장들은 언덕 요새에 거처지를 집중하여 그들의 건물 타입은 철기 시대 후 거의 변화가 없어, 농장은 통로를 가진 기다란 집으로 한 지붕 아래 연장된 가족들의 거처지와 외양간이었다.

10~11세기 족장의 거처가 3개의 소건물로 바뀌면서 더 전형적

인 농장이 되었다. 이것은 지방 권력에 극적인 변경을 제시하며 동시 노르웨이 왕권의 상승과 연결된다. 남스칸디나비아에서 성(borg)은 이교도와 기독교 시기의 종교 센터로, 이곳 홀의 중심 방은 향연과 숭배 제식처이며 방 북쪽 구석에서 발견된 수입품 그릇의 파편과 마뉴스크립 포인터는 이곳이 최상석임을 제시한다. 즉, 특수한 경우에 족장은 궁정을 이교도 신전으로 사용하여 성스럽고 세속적 역할을 겸비하였다. 비록 교회는 이교도 제식을 이행하지 않았으

바이킹 족장의 전형적인 집 농장으로 아이슬란드의 보르그 베스트보거이(위), 덴마크의 부스도르프 하이타부(아래)

나, 나중 이곳 성에 자리 잡고 기독교 의례에 사용하였다.

이 변화 과정에서 시골 정착에 따른 성장하는 사회 계급과 대지 기능의 전문화로 생활에 변화가 왔으며, 스칸디나비아는 국가 설립을 지지하며 해외 확장의 기초를 마련하였다. 그리고 정착 계급에 새 타입으로 도시가 나타났다. 도시 성장은 바이킹의 정체성을 무역인과 생산자로 바꾸었다. 장거리 무역에 따른 지방 생산품 판매로 도시의 시장 설립과 국제 무역 항구는 왕권 성장과 초기 스칸디나비아 국가 설립에 필수로 연결된다. 6세기부터 여러 지역이 무역과 생산 센터로 남스칸디나비아 해안에 설립되었다.

704~710년 덴마크 남 유트란드 리베(Ribe)에 도시가 형성, 이곳 땅 부지의 규칙 조직망은 작은 가지 울타리에 둘러싸이고 조그만 도랑으로 분리되었다. 땅 부지는 첫 무역 상인들이 도착하여 만든 것으로 왕권 후원과 조직체의 직접적 증거이다. 단단한 건물 흔적은 없고 반쯤 움푹한 오두막을 세운 도시 리베는 계절 시장과 생산 센터였지, 영구 거주지가 아닌 것 같다. 여기서 금속 공예인들이 쥬얼리를 주조하며 글라스 재료는 북이탈리아, 돌과 토기는 라인란트에서 수입하였다. 9세기에 들어서 도시 아이스보르그는 슬레이트 숫돌과 동석 그릇들을 노르웨이로 수출, 이들은 그 후 배후 지역으로 분산되었다. 또 가축 수출은 이곳의 발굴에서 나타난 두꺼운 층의 비료가 증거가 된다.

스웨덴은 7세기 중반 최초 도시가 멜라렌 호수의 비르카 섬에 세워졌는데, 1680년 첫 발굴은 많은 숫자의 수입품이었다. 8세기 중반, 이 지역의 기반이 확고해지면서 첫 도시는 통행을 감시하는 입구 탑에 반원형 성벽으로 둘러싸였다. 도시를 예측하는 집 테라스가 이미 있어, 400~700개의 집 숫자는 이곳에 도시가 형성되기 전 먼 지역들과의 무역 접촉을 증명한다.

도시 비르카의 무역

우표에 나타난 파로에 섬의 바이킹 사회

　　첫 노르웨이 도시 카우팡[4]은 문자적으로 시장(kaupang)을 의미하며 오슬로 프욜드 왼쪽에 위치한다. 개인 땅의 배열이 이동하는 수공예 생산의 짧은 시대를 앞섰고, 9세기 초 영구 건물이 존재하였

---

4 오테레는 9세기 후반 잉글랜드 왕 알프레드를 방문한 노르웨이 바이킹 무역인이다. 그는 알프레드에게 알리기를 북쪽에는 아무도 살지 않고 카우팡(세링스힐)이라 부르는 남쪽에 한 시장 마을이 있다. 거기에 갈려면 항해로 한 달이 걸리는데, 밤에 자고 매일 순풍을 가졌을 때다. 해안 여행은 카우팡에서 헤데비 무역 마을까지 5일이 걸린다.

으나 다음 세기에 계절 시장으로 복귀하였다. 카우팡은 무역 장소로서, 생산품들은 물잔, 라인란트 토기와 와인, 덴마크 혹은 슬라빅 지방의 꿀, 노르웨이 숫돌 등등이다. 이곳에서 정착자들은 약탈에서 도착한 금, 은, 프랑크 왕조의 책 받침대와 아일랜드 브로치의 은을 녹였다.

스칸디나비아 도시는 10세기 후반에 새 단계로 들어섰다. 더 복잡한 조직과 교회 영향으로, 스웨덴의 비르카는 시그투나(Sigtuna)로 대체, 11세기 중반 동쪽으로 국제 무역을 재발전시켰다. 약 995년 첫 동전이 제조되며 무역지는 이번에는 스톡홀름으로 바뀌었다.

노르웨이 베르겐과 오슬로는 각각 11세기 설립, 최북쪽 도시인 트론드하임(니다로스)은 900년 후반 왕 올라브 트리그바손이 지방 족장들과 협동하여 세운 도시 기초와 연결된다. 이곳에 영구 건물들이 세워지며 땅들은 규칙적으로 조직되었다. 11세기 중반 동전이 제조되며, 트론드하임이 성 올라브의 순례지로 되면서 1152~1153년 대주교가 세워졌다. 여러 장소의 도시 출현은 이들 성장을 제공한 왕국의 역할이었고, 유럽에 알려진 무역인과 공예인들은 해외 무역 확장을 촉진하며 권력 중심화와 상업 계급 성장의 기반이 되었다.

사회생활

실제, 바이킹 시대에 오직 조그만 숫자가 외국 항해에 참여하였으며, 대부분은 평화로운 농부와 공예인으로 고국에서 그들 사업을 추구하였다. 이 시대는 확장 시기라, 농작할 수 있는 충분한 땅이 증가하였고 평균 온도는 오늘날보다 비교적 더 높았다.

정착의 일반 형태는 다목적의 옥외 집들을 가진 한, 두 주요 농장으로 거주처는 길고 직사각형에 진흙으로 틈을 막은 고리버들 나무의 낮은 벽을 가졌다. 통나무집도 발견, 이것은 나무나 잔디 주거지의 다른 타입이다.

난로로 점령되는 집 중심은 열과 빛을 제공하였으며 왁스 초는 별로 사용된 것 같지 않고, 기름 램프나 횃불이 다른 조명으로 대체되었다. 연기 구멍은 지붕 안 혹은 박공(gable)에 만들며, 집은 창문이 없었다. 그리고 벽을 따라 설치한 내장(built-in) 벤치들은 낮에는 좌석으로 저녁에는 침대로 사용되었다. 귀중품은 잠긴 상자에 간직, 저장방과 작업장은 종종 특수한 집으로 별도로 두었다.

농부 생활은 스칸디나비아의 일 년, 즉 여름, 가을, 겨울, 봄의 변화하는 계절과 밀접히 연결되었다. 농부는 귀리, 보리, 밀, 콩, 완두콩을 심었고 양파, 사과, 서양 자두, 땅콩과 여러 식물을 경작, 주 양식에 보충하였다. 경작을 위해 농장 주변의 목장과 밭들을 갈았고, 소, 양, 염소, 돼지, 그리고 거위, 닭, 오리 같은 가금류도 사육하였다. 길들인 동물들은 오늘날보다 숫자가 더 적었으며, 밀크는 소에서, 버터, 치즈, 버터밀크는 양과 염소에서 얻었다. 농사 외에도 낚시와 야생 동물, 새 사냥이 행해졌다.

농부는 맥아 보리에 향료식물을 첨부, 향기를 가진 맥주와 미드로 벌꿀 술을 생산하였다. 마시는 용기들은 나무, 세라믹 사발 외에 소뿔이나 때때로 수입한 글라스였다. 가족 모두가 각자의 칼을 소유, 이것으로 음식을 잘랐고 포크는 사용되지 않았다. 음식은 말렸거나 그을렸거나 소금에 절였다.

말로 달리는 좁은 길은 마른 높은 땅과 산등성이 사이로 통하였고 낮은 지역에 길은 돌과 통나무로 보강되었다. 강은 횡단을 위해 걸어 건너가는 곳, 다리, 나룻배가 준비되었다. 늑대, 곰, 다른 야생동물이 나타나는 숲 모험보다 물을 따라 여행함이 우선되었음에도 무법자와 도둑 은신처들이 큰 숲들에서 발견되었다.

농부의 대규모 교통은 눈과 얼음이 깔린 겨울 도로에 의존하였다. 썰매는 시장에 상품 수송용이었고, 원시적인 아이스 스케이트와 눈신도 사용하였다. 말발굽은 미끄러운 도로 표면이나 얼음에 지탱하기 위해 철못으로 갖추었으며, 말 타기에 능숙한 바이킹은 그들 말을 상품과 짐을 나르는 수단으로 이용하였다.

계급

바이킹 시대의 매장 발견물은 이 시대의 엄격한 사회 계층을 보인다. 바이킹의 신분은 가족의 지위와 배경에 의해 결정되며, 그 개인 자체의 생과 운명은 아무 의미가 없다. 즉, 바이킹에게 정체성과 안전은 어떤 가족과 씨족의 출신으로 아이슬란드의 에다(Edda) 산문시 『리그스투라(Rigstula)』는 3개의 사회 계급인 귀족, 농부, 노예의 일상생활을 설명한다.

귀족의 우두머리 왕은 훌륭한 사냥꾼으로 무기에 능숙하다. 그는 신비한 힘을 가져 생명을 살리고 고난을 처리하고 근심을 안정시킨다. 날씨와 바람을 다스리고 불을 끄고 새들의 언어를 이해한다. 또 스칸디나비아의 고대 문자 룬(Rune)의 대가이다. 젊은 왕은 시간을 마술 연습에 보내며 그의 검을 훌륭히 다루기를 충고한다. 또 적들과 대항하며 외국 모험을 같이해야 한다.

왕에 선정된 귀족 계급은 피 흘리는 전투와 스포츠, 사냥, 승마와 수영에 참여하였다. 새로운 땅을 정복하려 검, 창, 방패 실력을 연마, 이 점은 귀족 무덤 발굴의 무기와 쥬얼리가 증명한다.

다음 계급은 농부로 자작농과 자유 농부로 분류되며 둘 다 생활이 풍부하다. 전자는 6세대 이상 가족 농장에 살았고, 후자는 최근 농장을 획득하여 긴 족보를 가지지 않는다.

최하 계급 노예는 법적 권한이 없어 인간 매매가 가능하나, 이 제도는 완전히 엄격하지 않아 자유를 허락받은 노예들이 있다. 생활은 가난하고 단순하며, 가장 힘든 농장 일을 담당한다. 그들에게 매장 혹은 무덤 선물은 주어지지 않으나, 만일 그들이 무덤에 묻혔을 때, 이것은 죽음 후 그들 주인을 따름을 의미한다. 노예가 오직 소유할 수 있는 칼은 그들의 부적으로 사용된다.

특히 바이킹 사회에서 여성들은 큰 책임감을 가지며 강하고 독립적이었다. 남성들이 사냥, 어업, 무역으로 집을 비웠을 때, 농장과 집안일은 여성과 하인들이 관리하였다. 여성은 남편을 선택할 권리와 이혼에도 그녀 스스로 결정할 수 있었다. 아이슬란드 사가는 많은 자신 있고 확신하는 여성을 알리며, 실제 다수의 돌 기념비 룬스톤도 강력한 여성들을 위해 세워졌다. 바이킹 농장에서 여성은 옷 벨트에 집 열쇠를 달아 그녀의 중요한 위치를 표시하였다. 즉, 음식, 옷, 벽 장식품, 그리고 다른 필수품을 담당함이다.

폭력과 형벌

"다른 사람의 목숨이나 재산을 원한다면 일찍 일어나라. 잠자는 늘대처럼 전투사는 누워 승리할 수 없다." 이 격언은 폭력이 바이킹 생활의 일부임을 암시한다. "항상 준비하라", "무기를 준비하라"고 경고하는 바이킹에 비해, 피해자 프랑스 노르망디의 승원과 교회들은 똑같은 기도문을 암송하였다. "신이여, 북구인의 격노에서 우리를 건저주십시오!"

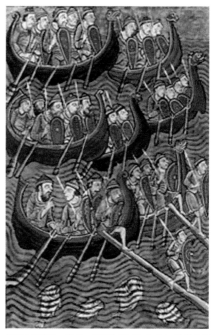

영국을 침입하는 덴마크 바이킹으로 성 에드문드의 생에 관한 잡록, 12세기 일류미네이트 일러스트레이션, 피어폰트 모르간 도서관

스칸디나비아의 사가(Saga) 스토리들은 폭력이 예사이었던 사회의 생생한 이미지를 알려주는데, 바이킹에게는 가족 명예가 가장 중요하다. 불명예나 모독은 복수를 요구하여 가족들 간의 피나는 격투는 빈번하였다. 폭력은 남성에만 한정되지 않아 사가에서 종종 두려워하지 않는 여성이 피비린내 나는 복수에 남성을 초대함을 본다.

고대의 법도 폭력 시대를 반영하여, 검, 도끼, 창, 방패를 소유함이 모든 자유 시민의 의무로, 이들은 법률 무기법정에서 매년 점검된다. 이러한 제도는 바이킹 군대의 짧은 통고에도 쉽게 전쟁에 동원되며 즉시 봉홧불이 전쟁을 소환하려 올려질 수 있는 이유이다. 그리고 여러 무덤에서 발견된 무기들은 바이킹 사회의 이상성을 설명한다.

바이킹 시대에 근원을 둔 옛 노르웨이 법들은 다른 모습도 보인다. 살인하고 재산을 획득하는 자는 법 관할권 바깥에서 처리를 충고한다. 형벌의 상세한 묘사는 폭력을 통제하는 사회에 목적 두었다. 법과 정의를 존경한 바이킹 가족의 대부분 분쟁은 가족 간에 계산이나 협정으로 해결되었으나 불합의의 경우 최고 법적 권위의 팅(Thing)에서 재판받았다. 팅은 사람들이 모여 법을 만들고 여러 법적 문제를 합의하는 장소이다. 상기된 논쟁은 토론, 심판, 해결되었다. 팅에 참석함은 모든 시민의 의무이나, 농장을 혼자서나 혹은 미성년 도움으로 경영하는 자는 제외되었다. 여성과 장애인은 원하면 참석할 수 있다. 팅은 또한 뉴스와 물품 교환처였다.

노르웨이 남쪽 링달의 팅바튼(Tingvatn)에 팅 모임을 추측한다. 구체적 증거는 없지만 이름 "팅바튼"은 지방 전설처럼 이것을 뒷받침한다. 최초의 팅들은 고대 무덤 장소의 돌로 이루어진 원형 사이에 이루어졌는데, 팅 위치와 돌 원형의 연관성으로, 중세기의 한 보고

남서 아이슬란드 계곡에 위치. 첫 국회 알팅의 모범이 된 1000년 이전의 고대 국회 팅벨리르 평원

아이슬란드 수도 레키아빅에 위치한 알팅

는 실제 팅 위치가 원형임을 전한다. 개암나무 가지를 다발로 묶어 세워 이곳을 신성하게 만든 풍속을 8세기 프랑크 연감은 묘사하였다. 이 매장지가 나중 팅으로서 사용되었는지 모르나, 아홉 개의 돌로 이룬 "심판관 원형"에서 심판관들은 앉아서 죄로 고발당한 자들을 재판하였다. 신에 봉헌도 이루어졌다.

가까운 곳에 일곱 개의 돌 원형은 결투 원형 또는 셀바 뛰기(Jump of Skjelva)로, 전설에 의하면 사형이 선고된 젊은 셀바가 7개의 돌을 뛰어넘으면 그녀 생명을 구하는 기회가 주어짐이다. 그녀는 거의 모두 성공하였으나, 마지막 돌에서 실패하였다. 운동 선수였는지, 돌과 돌 간격이 거의 6m였다. 돌 원형은 다른 기능도 가진다. 종종 죽음으로 몰아버린 바이킹의 힘 경쟁이 이루어져, 패배자는 승리자에게 끌려가는 불명예가 주어졌으며, 이 두 개의 돌 원형 사이에 두 평행한 돌 가로수는 죄수들의 결투장이었다.

바이킹 시대나 중세기 초기, 팅은 호수 가까운 곳으로 옮겨 팅 언덕은 100m 빙퇴석으로 이루어진 능선이었다. 두 계단 모습의 둥근 돌은 죄수 돌, 근처에 심판 돌, 이 사이에 위치한 교수대 돌은 처형장일 것이다.

바이킹 법을 기초한 중세기 굴라팅(Gulating) 법은 똑같은 범죄에 처형을 다르게 하였다. 이 법들은 바이킹 시대 후에 효력을 가졌지만, 폭력의 범죄 처형은 점차 더 엄격해졌다. 인구 증가로 더 많은 충돌과 싸움으로 처형을 강화할 필요성이 생겼기 때문이다. 당시 살인 대부분은 벌금으로 보상되어, 초기 법 구절은 자작농의 살인에 18마르크를 지급하였으나, 그 후 다른 구절에 보면 벌금이 7배나 올랐다. 벌금 계산은 살인의 상태에 따라 정해지며, 법은 누가 무엇을 누구에게 지급해야 함을 상세히 설명한다.

비록 한 명이 죄를 지어도, 법적 책임은 한 씨족이나 전 가족이

진다. 보상 벌금은 피해자 전 가족 사이에 나누어졌으며, 가까운 가족은 더 많은 보상금을 받았다. 법은 젊고 성장하는 세대의 경제 보호에도 관여하였다. 여성의 경우, 피해자 어머니와 여형제들이 그들의 몫을 받았고, 여형제 중 40살로 자식이 없을 때 이 몫은 자식을 가진 다른 여형제에 주어졌다. 여성은 남성보다 적게 지급되었다.

어쨌든 바이킹 시대 살인은 비쌌으며 심하게 처벌되었다. 상해, 사고, 손상에도 형벌이 가해져, 바이킹 무기는 살인보다 장식과 지위를 상징하는 매체로 간직함이 더 현명하다. 외국 약탈에 참여해, 많은 사람을 죽여 영웅이 되고 부와 명예를 얻음이 훨씬 더 나은 방법이다.

옷과 장식

바이킹은 키가 크고 금발이다. 이들의 완전한 옷 스타일은 알려지지 않으나, 무덤에서 발굴한 수의에 달린 브로치, 금속 부식에 보존된 옷 파편으로 구별할 수 있다. 스칸디나비아 문화는 게르만의 철기 시대와 그전 유산에서 성장하였고, 바이킹 옷 스타일은 더 넓은 게르만 세계에 기초한다.

스웨덴에서 발견된 바이킹 초상. 엘크 뿔로 조각. 코받이를 가진 헬멧 쓴 남성은 바이여 타페스트리의 스타일과 비슷함. 단정한 콧수염이 특징

초기 게르만족 옷 스타일은 서기 98년 로마 역사가 타시투스가 쓴 『게르마니아(Germania)』17장에 묘사되었다.

모든 사람의 망토는 브로치로 고정하거나 혹은 나무 가시로 실패할 경우…… 여성 의상은 종종 보라색으로 패턴을 가진 리넨의 덮개 옷을 제외하고는 남성의 것과 다르지 않다. 그리고 의

상의 최 위가 소매, 팔과 어깨로 연장되지 않으며, 가슴 가까운
부분조차 거의 텅 비었다.[5]

천 재료는 섬유와 양모에서, 텍스타일은 쐐기풀과 마에서 취득하였고, 대부분 옷은 집 농장에서 여성들에 의해 만들어졌다. 훌륭한 재료는 수입되었고 실크는 매우 드물다. 추운 겨울에는 누빈 솜털 재킷을 입은 것 같은데, 실제 많은 솜털이 비르카 무덤들에서 나타났다.

여성은 내의와 등 위로 죄는 소매 없는 드레스를 착용하며, 바깥 재킷은 소매를 가지며 앞은 열렸다. 자주 망토를 입은 여성들이 보이나 무덤에서 구별하기 어렵다. 종종 내의에 조그만 둥근 브로치를 달며, 소매 없는 드레스는 두 큰 타원 브로치로 고정하였다. 텍스타일 밴드에 구슬, 펜던트의 노끈 칼, 가위, 열쇠, 다른 연장을 매달았다. 바깥 재킷이나 망토는 브로치로 가슴 중심에 고정하며, 종종 외국 금속이 펜던트로 바뀌었다.

여성 의상은 장소와 사회 그룹, 드레스의 컷과 질에 차이가 있다. 고트란드의 경우 드레스 조목은 같으나, 쥬얼리가 다르다. "두 동물 머리" 브로치가 타원 브로치를 대신하며 상자 모양 브로치를 바깥 드레스에 함께 달았다. 쥬얼리는 청동으로 만들었고 종종 부분적인 금, 은박에 동물 오너멘트로 장식, 이것도 5~6세기 이동 시기의 게르만 예술이다.

---

5 The clothing for everyone as the cloak, which is fastened by brooch or failing that by thorn......
   The women's costume is no different to the men's, except that the women often wear a robe of
   linen patterned with purple, and since the top of the garment does not extend into sleeves, the
   arms and shoulders and even the near part of the breast is laid bare.

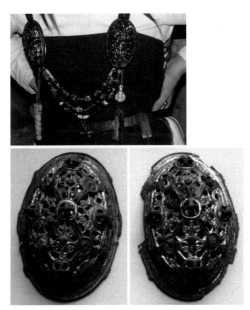

바이킹 여성 의상의 전형적인 쥬얼리로 장식은 브로치, 컬러의 유리
구슬과 부적들(위), 결혼 여성이 사용한 거북 브로치(아래)

11세기 여성 드레스는 고트란드를 제외하고 전 스칸디나비아에
서 바뀌었다. 옛 브로치 타입은 사라졌고 서유럽의 새 타입들이 소
개됨으로써, 쥬얼리는 동쪽과 서쪽에 스칸디나비아 현존의 척도가
되었다. 서쪽은 아이슬란드, 영국 제도, 노르망디이며, 동유럽 대부
분은 루스에서 왔다.

남성의 옷 스타일은 다소 변형으로 특히 바지이다. 크고 부푼 바
지는 당시 동양 패션으로 항해자들의 시종나팔 바지 같다. 윗부분
은 리넨이나 양모 셔츠로 주름 잡았고, 때로는 허벅다리를 덮는 넓
은 양모 튜닉을 입었다. 역시 양모 천에 컬러풀한 밴드로 장식, 금,
은실을 실크에 엮어 짰다. 추위로 양모 외투를 입었고, 종종 모피
조각을 외투에 달았다. 외투는 오른쪽 등 위에 고리 버클로 죄어,

오른손이 자유롭고 옷에 걸리지 않아 쉽게 검을 뺄 수 있었다. 벨트는 훌륭한 피팅으로 장식되었다.

특히 부유층 남성 의상은 국제 스타일로 바지, 셔츠, 망토가 주조목이며, 허리는 버클과 끝에 금속 조각의 가죽 벨트로 매었다. 외투는 고리 핀, 혹은 말굽 머리 모양의 브로치로 고정하였는데 이들 일부는 영국 제도에서, 그리고 대부분 말굽 브로치는 동쪽의 발트 지역, 스웨덴, 핀란드, 루스(러시아)였다.

여성의 머리는 길게 내렸고 매듭으로 말총머리에 머리핀이나 컬러풀한 리본들로 묶었다. 10세기 한 무어족 외교관이 바이킹 도시 헤데비를 방문하였을 때 남, 여성들의 매혹적인 눈 화장을 기록하였다. 남성 헤어스타일은 다양, 종종 변발로 머리카락을 엮든 혹은 짧은 머리였다. 턱수염은 길거나 짧았고, 잘 다듬었다. 단정한 콧수염도 인기로 왁스를 사용한 것 같다. 남, 여성 둘 다 개인의 위생에 관심을 가져 자신의 머리빗을 가졌다.

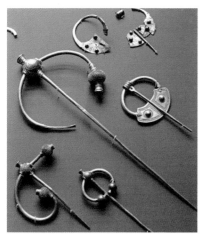

바이킹에서 영향받은 앵글로-색슨 브로치로 페린스의 저장물 발굴

스칸디나비아 이교도 신 토르와 기독교 상징을 혼합한 10세기 히든제 보물의 금 쥬얼리, 덴마크 국립박물관, 코펜하겐

저울과 동전

▨▨▨▨▨▨

발굴된 남성 무덤들은 무기 외에 무역인의 저울과 무게를 포함한다. 사치, 귀중품들은 장거리 무역에서 획득, 이들은 한 족장에서 다른 족장으로 넘어갔으며, 경험 있는 여행자들은 무역 중개인으로 족장들을 동반하였다. 도시 성장에 따른 무역 전 문화로 생활품의 요구가 증가하면서, 남유럽인은 북구의 고급 모피를 탐내었고, 스페인은 약탈과 전쟁으로 획득한 중앙아시아의 모슬렘 노예들을 요구하였다.

무역품들은 사치스러운 텍스타일, 무기, 쥬얼리, 글라스, 보석 세공품 외에도 동양의 실크와 은이다. 따라서 실크 줄무늬 드레스가 러시아와 스칸디나비아 무덤에 발견됨은 놀랍지 않다. 또 금과 은철사, 금속 벨트 장식이 특히 비르카 부자들의 드레스에 동양적 특징을 주었다. 일부 드레스는 소유자의 방문 중 선물로 동, 남동쪽으로 갈수록 왕정과 무역에서 이것이 발견된다.

한 예로 동쪽 무역의 뚜렷한 증거는 현 이라크, 이란, 아프가니스탄, 우즈베크의 이슬람 동전들이다. 그곳 왕자들은 10세기 초 이슬람으로 개종하며, 볼가 불가리아(현 타타르스탄) 동전 주화를 시작하였다. 이슬람 동전들은 동유럽을 통해 발트(Baltic) 지역과 스칸디나비아에 수천 개 퍼졌다. 이들은 8세기 후기에서 10세기 후기까지 북과 동유럽에서 사용된 동전 대부분으로 독일과 영국 동전들이 이들을 인수할 때까지였다. 비잔틴 동전은 유럽에 드물게 배포되었다. 유럽에서 가장 부유한 고트란드 섬의 은 매장 대부분이 동전으로 40,000 이슬람, 40,000 독일, 20,000 영국 동전이 이 섬의 저장물에서 기록되었다.

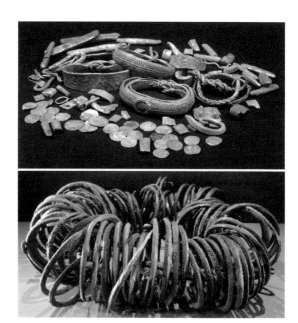

실버데일 매장에서 발굴된 쥬얼리와 동전(위), 은 유출물(아래)

스칸디나비아와 동유럽에서 동전들은 저울로 무게를 재며, 은은 연마, 쪼기, 자름으로 그 질을 시험하였다. 필요 이상의 은 동전은 녹여 은 세공인에게 무거운 목고리나 팔고리 제조를 부탁하였다. 특수한 경우 이 고리를 장식용으로 착용하였고, 지급이 필요하였을 때 이것을 조각내어 저울로 재었다. 땅에 재산을 묻는 북동유럽의 바이킹 매장은 완성물, 파편, 오래된 혹은 새로운 것들로, 유럽, 비잔틴 제국과 이슬람 세계에서 유래한다.

초기 바이킹 시대 무게의 새 표준 타입과 함께 동유럽과 발트에 팔을 접는 저울이 나타났다. 두 평평한 측면에 큰 구형과 더 작은 다면체이다. 무게 제도는 이슬람 세계에서 유럽으로 가져온 발명품으로 아랍어 비문이 루스와 라트비아 저울에 발견됨은 동쪽 무역

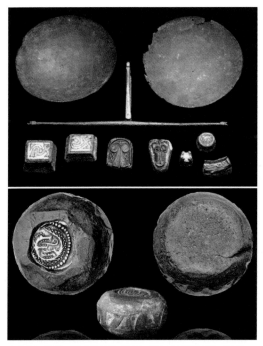

바이킹이 사용한 저울과 무게(위), 앵글로-색슨 바이킹 동전 무게(아래)

이 동유럽과 발트에 영향 주었음을 증명한다. 서스칸디나비아에도 똑같은 저울과 무게들이 소개되어 옛 타입과 병행하였다.

조그만 크기의 지방 동전 사용이 9~10세기 시작되었다. 프로토 타입은 프랑크와 프리시안 동전으로, 전자는 라인 강 입구 도레스 타드에 프랑크 왕 샤를(Charles the Bold)에 의해 주조되었다. 그의 이름 카포루스(Capolus)와 장소 이름 도르스타드(Dorstad)가 라틴 문체로 적혀 있다. 종종 동전들은 배와 교회 이미지를 담으며, 프리시언 동전 들은 비문이 없다. 모티브는 스칸디나비아 조폐국 제조가에 의해 택해졌고 개정되었다.

이슬람 카자르 동전

도레스타드의 카롤링 제국 동전

덴마크 왕 카눌 동전

노르웨이 왕 올라브 동전

　　최초 동전은 종종 "비르카 동전"으로 불린다. 대다수가 이 도시 무덤들에서 발견된 점이지만, 역사가는 동의하기를, 동전은 덴마크 왕이 헤데비(Hedeby)에서 주조하였다. 그리고 995년경 덴마크, 노르웨이 그리고 스웨덴 동전들은 이곳에 초대받은 잉글랜드 동전 제조가에 의해 주조되었다. 당시의 잉글랜드 동전들을 모방하여 그들 모양은 거의 변화하지 않아 자연히 잉글랜드 왕 이름을 대신 읽을 수 있다. 루스의 블라디미르 동전은 비잔틴 제국의 프로토 타입이었고, 11세기 약간의 스칸디나비아 동전도 비잔틴 동전들에 따라 주조되었다. 동전은 저장물 매장의 지배 조목이 되었고, 쉽게 부서지는 은은 사라졌다. 통화 경제가 점차 소개됨에도 스웨덴과 루스에서 주화는 반세기 후 멈추었다. 자신의 주화를 위한 완숙한 시대가 아니었다.

부와 영토 확장:: 약탈 · 정착 · 무역

바이킹 배

~~~~~~~~

어머니는 나에게 말하기를
그들은 나에게 사줄 것이다.
한 배와 사랑스러운 노들을
바이킹들과 함께 사라지기 위해.
선미에 서서
영광스러운 배를 저으며
한두 명을 죽이려.
(『에길의 사가』, 10세기)[1]

덴마크 스캄스트룹 교구 교회 벽화로 성 올라브와 의붓 형제 하랄드의 배 경쟁

---

1 My mother said to me
  That they would buy for me
  A ship and lovely oars
  To go away with Vikings,
  Standing in the stern,
  Steering the glorious ship,
  Then putting into ports,
  Killing a man or two.
  (『Egil's Saga』, 10세기)

용머리의 긴 배, 방패, 하얀 줄무늬 돛을 가진 항해는 바이킹의 이미지이다. 당시의 종교 학자 알쿠인(c.735~804)은 793년 노스움브리아 린디스파르네(Lindisfarne)의 바이킹 약탈에 공포와 분개를 기록하며 바다의 내습이 가능한지 놀람을 표현하였다. 11세기 바이여(Bayeux) 타페스트리는 중세기 초기 군대, 말, 배, 바이킹 약탈의 유사한 이야기를 제공, 노르만은 911년 바이킹 롤로(Rollo)의 직접 후손들로 클링커 배를 잉글랜드 해변으로 끌어와 돛을 내렸다.

실제 배들은 바이킹의 영토 확장에 필수 요건으로 바다와 강을 통한 원정에 사용되었다. 배는 합판을 대갈못으로 묶었고 노를 가졌으며, 뱃머리를 동물 머리, 간혹 바람개비로 장식하였다. 훌륭한

11세기 바이여 타페스트리에 나타난 바이킹 배 클링커. 리넨에 면모로 수예, 약 70m, 프랑스 바이여 타페스트리 박물관

예로 헬싱란드의 서데라라(Söderala) 바람개비는 11세기 초 배에서, 그리고 나중 교회 탑에 사용되었다.

돛은 매우 늦게 나타나, 6~7세기경 이미지가 담긴 스웨덴 고트란드의 돌 기념비 룬스톤에서 볼 수 있다. 다음 세기 완전히 개발된 대각선 체크 패턴의 장식된 두 엮은 조각 천으로써 선원들은 바람에 따른 돛 움직임을 밧줄로 조정하였다. 덴마크와 노르웨이 배 중에서 30m 길이에 25짝(50명 노 젓는 자)의 노가 발견되었다. 스웨덴과 발트에서 17m 이상의 긴 배가 발견되지 않음은 열도나 발트의 오픈 워터에 필요하지 않다.

고트란드 칼룽게 교회에 사용된 서데라라 바람개비는 1930년 교회 탑에서 내려짐

배는 또 죽은 남, 여성 매장용으로 이것은 매장과 화장 둘 다 관련된다. 고트란드 이미지 돌은 배와 말 등에 탄 사람을 묘사, 말은

사망한 그들의 소유자와 함께 매장되었다. 일부 고트란드 이미지는 말 마차에 탄 여성을 묘사하며, 특히 덴마크에서 빈번하다. 말들은 일상생활, 전쟁과 예식, 신화와 숭배에 중요 역할로, 동물 장식에 금박의 청동 굴레 안장은 바이킹 예술의 걸작이 되었다. 스웨덴의 경우, 8~9세기 초 고트란드 브로아(Broa) 무덤에 22개 금박의 청동 굴레 안장은 우아하게 뒤얽힌 조그만 동물로 바이킹 예술의 출현을 예고하였다.

1880년도 노르웨이 곡스타드(Gokstad) 배 매장 발견은 북구 해양 이미지를 증거, 바이킹이 탐험가이며 항해 기구 설립에 능숙한 항해자임을 보인다. 1893년 곡스타드의 복사가 베르겐에서 뉴파운드랜드까지 28일간 항해를 하였다. 그리고 1904년 오세베르그(Oseberg) 배 매장 발굴에서 장식으로 새긴 배 용골(keel)은 9세기 바이킹의 예술적 활력이다. 나무 고리 날짜는 제시하기를, 배 건설은 약 820년 경으로 30명 노 젓는 공간에 노가 겸비된 가장 오래 남아 있는 배이다. 배는 약 834년 노르웨이 왕비 매장으로 사용되기 전, 왕족 유람객의 표준이었다.

그러나 1957년 덴마크 국립박물관이 로실데 프욜드에서 5척의 배를 구제할 때 배에 관한 이론이 바뀌었다. 즉, 1070년경 이 배들은 로실데의 왕국 센터를 보호하려 스쿨데레브 프욜드 입구를 막으려 가라앉힌 점이다. 이것은 11세기 배가 다른 기능의 형태로 진화되었음을 제시한다.

전쟁용의 긴 배(long ship)는 노와 항해의 겸비용이다. 더 완전하고 단단한 항해 배는 화물을 실었고, 조그만 배들은 어업과 여객용으로 스쿨데레브(Skulderev) 1은 해양-무역용 크노르(knorr) 배로서 40~50톤 짐을 중앙에 싣고 앞 노와 끝에 갑판을 두었다. 12명 선원에 돛을 단단히 고정해 훈풍이나 배 조작 시에 노를 사용하였다.

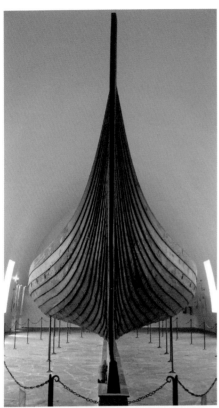

노르웨이 곡스타드에서 발견한 배, 정교한 라인과 육중한 용골
은 배의 스피드와 힘을 증명, 오슬로 바이킹 박물관에 보존

(c.789) 노르웨이 배 3척이 남잉글랜드 포트란드에 도착, 지방인들은 바이킹을 무역인으로 간주, 환영하려 바닷가로 내려왔음

(793) 바이킹은 잉글랜드 노스움브리아 린디스파르네 섬에 위치한 승원 약탈, 승원은 완전 비무장

(795) 이오나 섬의 스코틀랜드 승원 습격, 아일랜드의 승원에 계속

(799) 프랑크 제국에 첫 바이킹 습격은 비극으로 끝남, 다수의 배가 아퀴테인 해변에서 난파, 5명이 포획, 사살됨

(810) 덴마크 왕 고드프레드는 프랑크 제국을 황폐시킴, 공물로 은 100파운드를 요청함

(c.825) 파로에 섬에 정착 시작, 몇 주민은 아일랜드 승려

(832) 한 달에 3번이나 아일랜드 종교 센터 아르마 습격함

(834~837) 프랑크 제국의 부유한 도르스타드 항구가 매년 습격, 약탈당함

(839) 스웨덴 바이킹 루스는 미키리가르드(콘스탄티노플)로 첫 여행

(841) 노르웨이 바이킹은 아일랜드 더블린에 요새를 세움, 중요 노예 시장이 됨

(843) 덴마크 바이킹은 로아르 강 입구에 기반 두면서 프랑크 제국에 영구적 주둔을 시작함

(845) 다른 덴마크 군대가 프랑크 제국에 도착, 세느 강에 주둔함

(859~862) 하스타인과 본 아이론사이드는 지중해를 약탈함

루스 왕국을 건립한 바이킹 루릭(Rurik)

(860) 첫 루스의 미키리가르드를 획득하는 노력이 대패됨

(c.860) 스웨덴 가르다르는 아이슬란드 미정착지를 발견, 10년 후 정착 시작

(c.862) 루릭은 가르다리키의 홀름가르드에 루스 왕국을 건립

(865~876) 덴마크의 동잉글랜드 정복과 정착은 "다네로우"로 알려짐

(879) 웨섹스 왕 알프레드는 에탄둔에서 덴마크를 대패, 잉글랜드의 덴마크 정복의 끝

(882) 루릭의 친척 헬기는 커누가르드를 획득, 루스의 수도로 만듦

(c.885) 하프스프욜드 전투에 왕 하랄드 파인헤어는 노르웨이를 통합

(885~886) 바이킹은 파리 포위 공격에 실패

(891) 바이킹은 다일 전투에서 프랑크에 대패당함, 동시 프랑크의 기근으로 잉글랜드에 그들의 운을 노력

(892~894) 웨섹스 왕 알프레드에 의해 바이킹은 포기, 귀향

(902) 아일랜드는 바이킹을 몰아냄, 피난민은 북서 잉글랜드에 정착

(911) 세느 강의 바이킹 지도자 흐롤프는 프랑크 왕에 의해 루앙의 백작으로 임명됨

(912) 왕 알프레드 아들 에드워드 엘더는 다네로우를 정복하기 시작

(912~913) 카자르 해에 루스의 침략은 나쁜 결과를 가져옴

(917) 바이킹은 아일랜드의 옛 기지를 재획득

(919) 로근발드의 지휘 아래 브리타니를 정복

(937) 잉글랜드 왕 아텔스탄은 바이킹과 스코틀랜드 연합을 부루난버르 전투에서 격퇴

(939) 바이킹은 브리타니에서 몰아내짐

(954) 노르웨이 왕 에릭 블라드악스는 스테인모르의 잠복에서 사살, 잉글랜드에 바이킹 영향이 끝남

(988) 미키리가르드의 비잔틴 황제는 바이킹 바랑기언 용병을 친위군으로 만듦

(991) 노르웨이 왕 올라브 트리그바손이 말돈에서 영국을 대패, 왕 에텔레드는 공물을 바쳐야 함

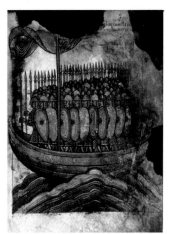

바이킹 공격, 1100년, 프랑스 생 오방 승원

바이킹의 해외 이동은 두 가지 면에 중요하다. (1) 스칸디나비아의 소농장들은 인구 증가에 따른 필요한 식량을 충분히 공급하지 못하였고, 대양으로 항해하는 크노르 배는 지중해와 대서양을 횡단할 수 있는 기술 발전의 최단계에 이르렀다. (2) 왕 살레마네(Charlemagne, 742/7/8~814) 죽음 후 카롤링 왕조의 프랑크 제국 분열과 영국 제도의 정치 불안정은 권력 공백 기간을 이루어 바이킹이 이곳을 쉽게 침략할 수 있었다.

노르웨이는 북대서양, 스코틀랜드, 아이슬란드, 그린란드, 잠시 북아메리카 여행으로 고향을 떠났다. 아일랜드, 만 제도, 북서 잉글

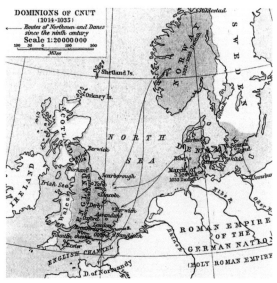

앵글로-스칸디나비아 왕국 지도

랜드에 식민지를 개설하면서 이곳 문화 융합은 바이킹 예술에 특이한 결과를 초래하였다. 덴마크는 신성로마의 북쪽과 동잉글랜드에 활동을 집중, 878년 잉글랜드 웨섹스 왕 알프레드(Alfred the Great, 871~899)는 덴마크 권한을 의미하는 다네로우(Danelaw)를 허락하여 왕 카눋은 앵글로-스칸디나비아 왕국(1016~1035)을 창설하였다.

바이킹의 인기성은 약탈이다. 유럽 역사 기록이 공습당한 성직 교육자들에 쓰여 바이킹을 악인으로 묘사하였으나, 이들의 우월성은 얕은 만과 강을 항해하며 어느 해변에도 도달할 수 있는 넓은 바다을 가진 배의 덕택이다. 더불어 돛으로 항해하는 배는 어떤 불리한 조건에서도 쉽게 침략, 철수할 수 있어, 오랫동안 유럽과 연락을 취한 8세기 말의 평화스러운 무역이 갑자기 해적 행위로 전향된 것이다.

서유럽에 첫 기록된 약탈은 8세기 말이다. 승원과 시장들을 포함한 방위되지 않는 해안과 강의 기지가 첫 목적지로서, 겨울 폭풍이

노르웨이 화가 크리스천 크로그의 「라이프 에릭손은 아메리카를 발견한다」, 1893년

시작되면 고향으로 돌아오는 2~3척 배를 작동한 그룹이었다. 793년 린디스파르네 승원, 794년 자로 승원, 799년 프랑크 제국, 795년 아일랜드 해안을 시작으로 내륙의 움직임들이 830년경 기록되었다. 이때부터 바이킹 대그룹은 프리시언 해안(현 네덜란드)을 약탈하였고 영국 남해안을 황폐로 만들었다. 도레스타드 무역도시는 834~837년 4번 연속적으로 약탈당하였다.

바이킹은 지방 라이벌의 약점을 찾는 데 빨랐고 그들 침공은 교활하였다. 가장 획득물이 많고 정치 불안이 있는 곳을 습격, 왕 살레마네의 죽음 후 취약 기간에 프랑스를 공격하였으며, 그의 아들 왕 루이(Louis the Pious)가 830년 국경에 방어를 높였을 때야 영국으로 침략 방향을 돌렸다.

840년 왕 루이의 죽음 후, 프랑크 제국 영토는 아들들로 분배, 내전과 독립 장군들의 그들 영토 개척에 국가는 약해져 다음 20년간 이곳에 바이킹의 재현이 계속될 수 있었다. 841년 루앙 파괴, 845년 파리 침공은 금 7,000파운드 지급으로 해결되었다. 852년 바이킹 배는 세느 강에서, 다음 해 로아르에 겨울을 지냈다. 왕 샤를이 요새와 다리들을 짓고 도시와 승원들을 보호하며 바이킹의 관심을 영국 쪽으로 돌릴 때까지 약탈은 계속되었다.

850년 처음 영국에서 겨울을 지낸 바이킹은 더 지속한 침략의 새 단계를 신호하였다. 865년 이스트 앙글리아를 습격하였고 요크를 통제하였다. 886년 웨섹스에 그들 폭동은 격퇴되었으나, 유일하게 남은 앵글로-색슨 웨섹스 왕 알프레드 왕은 바이킹에게 협정을 제시, 평화의 보답으로 다네겔드(Danegeld) 연간 지급과 다네로우, 즉 덴마크 관할권 지역이 이루어졌다. 바이킹 활동의 명확한 증거는 스칸디나비아 자체로 수천 개의 카롤링과 앵글로-색슨 동전들이다.

바이킹의 현존은 세느 강 하부에서 루앙의 선을 따라 이곳 장소들의 이름에 영향을 끼쳤다. 노르망디의 대부분 예술품은 원주민과 스칸디나비아인의 상호작용으로 지방 노르만 문화를 창조, 브리타니에 일 드 그로아의 10세기 배 매장은 더 작은 배들을 가진 긴 배로 풍부한 대상물이 가득 찼다. 무기, 말을 끄는 기구, 금, 은 쥬얼리, 상아 조각, 대장장이 연장, 농장 장비였다. 한 성인 남성과 청년의 시체가 배 안에 놓여 있고 24개 방패로 둘러싸여 불 놓은 흔적은 제식 일부로서 배를 불태운 유일하게 알려진 매장이다. 기독교로 개종에도 대부분 바이킹 전사가 이교도 믿음을 재창조하였다.

잉글랜드–스칸디나비아 왕국에
사용된 다네겔드 동전

흥미 있게 바이킹의 약탈과 도적은 상반된다. 아이슬란드의 에다 산문시『스노레(Snorre)』신화에 도적질은 인간이 죽은 후 고통당할 저주받은 몇 행위의 하나이다. 침략은 전투에 영광스러운 도전이며 승리자는 약탈물을 소유할 권리를 가진다.

『에길의 사가』46장은 이 상이점을 강조한다. 에길과 그의 부하들은 해안가에 위치한 농장을 약탈하는 동안 농장 주인에 잡혀 포로가 되었다. 다음 날 밤, 에길은 밧줄을 풀고 부하와 함께 농장 보물을 전부 훔쳐 그들의 배로 돌아왔다. 항해 도중, 그는 도둑질에 심한 창피를 느꼈다. "이 여행은 한 전사에 절대 어울리지 않는다. 우리를 포로로 만든 자가 알지 못하게 우리는 돈을 훔쳤다. 우리에 일어난 이 창피를 결코 허락할 수 없다." 에길은 그를 체포하였던 농장으로 돌아가 그곳을 불 지르고 은신하는 농부들을 죽였다. 영웅이 되어 보물을 가지고 배로 돌아왔다. 그는 전투에서 이겼으며, 그 보상은 약탈물이었다.

바이킹 역사에 약탈은 남성의 사회 위치를 올렸다. 성공적 약탈은 부와 명예를 가져왔으며, 계급 승진에 필요조건이었다. 약탈은 젊은이에게 인기 업이었고, 더 성숙한 남자는 고향에 정착해서 가정을 가지게 되었다.

약탈의 중요성은 케틸이 아들 토스타인에 준 충고에 명백히 볼 수 있다. 『바튼스댈라(Vatnsdæla)』 사가 2장에, 케틸은 아들이 수십 명의 도보 여행자의 약탈에 참여치 않아 불만족하였다. "오늘날 젊은 남자의 행동은 내가 젊었을 때와 다르다." 강한 남자가 되는 풍습은 약탈에서 부를 얻고 명성을 가짐이다. 비록 자식들은 가족의 땅을 유산 받았지만, 위험한 행위에 자신을 던지고 전투에 가지 않는 한 높은 지위를 가질 수 없다. 마침내 케틸은 "너 자신을 시험해보고 어떤 운명이 너에게 준비되었는가를 알아볼 정확한 나이에 도달하였다"며 아들에게 결론을 내렸다.

약탈은 종종 부업이었다. 『오르크네인가(Orkneyinga)』 사가 105장에 스바인 오슬레파손은 봄에는 그의 가력세이 농장에서 씨를 뿌렸고, 이 일이 끝나면 헤브리데스와 아일랜드로 약탈을 떠났다. 한여름이 되면 건초와 곡물을 거두려 농장으로 다시 돌아왔다. 겨울이 도착할 때까지 다시 약탈하러 갔다.

이러한 난폭한 바이킹 약탈도 끝이 났다. 여러 이론 중에, 11세기 초 광대한 기독교 개종이란 주장이다. 기독교는 전형적 약탈을 인

정치 않았고, 1066년 바이킹의 마지막 전투인 스탐포드 브리지 전투(Battle of Stamford Bridge)에서 왕 하랄드(Harald Hardrada, c.1015~1066)가 전사하였다. 차츰 무역센터 헤데비도 파괴되었고, 추운 기후는 여기에 박차를 가하였다. 대륙 유럽에 스칸디나비아의 영향은 점차 쇠퇴하였다.

따라서 바이킹 시대 노르웨이 무덤들에 나타난 외국 장식품은 영국 제도에서 인기였던 기하 패턴, 선조 세공과 나선형 디자인으로, 글라스와 에나멜은 당시 스칸디나비아에 좀체 사용치 않은 재료였다. 바이킹이 교회, 승원 약탈에서 여러 무덤을 파헤쳐 신성한 책, 유물 상자, 교회 소유물을 훔칠 수 있었으며, 브로치, 말 마구, 청동 사발, 저울과 무게 등은 외국에서 구매하였을 것이다.

바이킹은 단련된 전투인이 아니며, 그들 성공은 군대를 조직화한 협동이나 엄격한 군대 훈련보다 무모하게 자신을 전투에 던져, 그들 방법으로 적을 때려눕힌 뛰어난 전술과 속력의 우월성이었다. 그들의 배는 갑자기 도착, 공습, 그리고 사라졌다.

전투 기획에 바이킹은 중심에 중요 사단을 배치하고, 양쪽 끝에 전쟁에 경험 많은 전사로 공격하게 하였다. 전투는 창과 화살의 소나기로 시작, 즉시 전투선이 부서지며, 난폭한 바이킹은 육박전을 벌였다. 가장 어려운 타격을 목적으로 그들의 속임수와 교활 전략인 기습, 점령, 잠복, 포위, 정복은 널리 인정받았다.

바이킹의 약탈에 필수 무기는 창과 방패이며, 여유가 있으면 전투 도끼, 검, 철갑옷, 철헬멧이다. 훌륭한 전투복은 비싸 검, 철갑옷, 철헬멧은 오직 부자나 관대한 통치자를 가진 전사들에게 가능하다. 일반인은 창과 방패로 참가할 수 있는데, 방패의 기본 기술과 창 기법은 하루 만에 지방 방위에 규칙적으로 연습할 수 있었고 그들 실력에 따라 습격과 전투에 선택되었다.

10세기 최초 문서로 만들어진 법은 바이킹들의 죽음 후 그들의 무기 세트와 함께 매장하기를 필수로 하였으나, 항상 그렇지 않다. 또 그들의 무기 배합은 유행에 따라 달라, 이것은 청동기 초기에서 후기의 교체 탓인 것 같다. 5세기부터 도끼와 창의 격투는 가장 일반적인 무기 배합으로 프랑크 군대의 취향과 영향을 반영한다. 바이킹은 도끼를 던지는 무기로도 사용하였고, 말 탄 전투는 프랑크 민족의 풍속에서 택하였다.

전쟁 술책이 나중 육박전으로 바뀌었을 때 새 무기들이 필요하

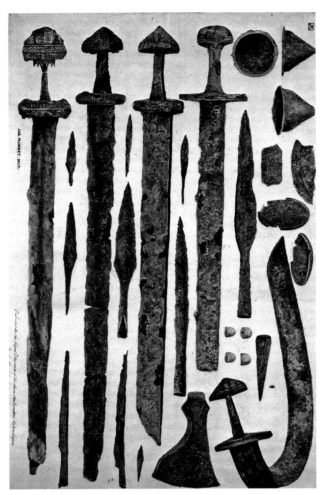
바이킹이 사용한 무기들

였다. 7세기부터 짧은 날을 가진 검이 던지는 것보다 찌름에 사용
된 창과 함께 사용되었다. 8세기 검 스타일은 다시 변화되며 찌르
기에서 자르는 무기로 발달하면서 더 길고 무거워졌고 두 예리한
끝을 가졌다.

창

창은 바이킹 이교도 신화에 나타나는 전쟁 신 오딘이 선정한 무기이다. 오딘의 궁니르(Gungnir)는 난쟁이들이 만든 흔들리는 창으로, 던지는 힘이나 기술과 관계없이 언제나 그 목표를 명중한다. 세계의 마지막 라그나록에서 오딘은 괴물 늑대 펜리르를 죽이려 궁니르를 사용한다.

모든 젊은 바이킹 전사는 창으로 시작하며 검을 소유하지 못한 경우가 많다. 두 타입의 창이 있다. 찌르는 창과 던지는 창으로, 적과 거리를 지키는 목적에서 도끼로 사용할 수 없는 범위이다. 8피트 길이의 창은 물푸레나무를 축에 사용, 아마 이것이 영국인이 바이킹을 "물푸레나무인"으로 부른 것 같다.

일부의 창은 프랑크 제국에서 수입한 것으로 창 촉은 철소켓에 양쪽에 뛰쳐나오는 날개를 가져, 적을 깊숙이 박을 때 창을 방지한다. 던지는 창은 그 머리가 땅에 박히거나 목표에 굽혀, 적에 의해 되돌려 보낼 수 없게 디자인되었다. 이 타입의 다른 장점은 창을 방패에서 뽑아내기 어렵다. 창 축의 무게가 방패를 아래로 끌며 이것을 다루기가 힘들다.

검

유럽 검은 자주 "바이킹 검"으로 칭한다. 실제 바이킹의 공격 무기는 검, 창, 도끼, 활로 이들은 바이킹 이교도 무덤에 큰 숫자로 발견된다. 검의 모델은 창이나 다른 무기처럼 서유럽에서 온 것으로 라인란트의 워크숍들은 당시 유럽의 대부분에 검을 전파하였다. 문제는 동유럽에서 발견된 같은 타입의 검과 창 촉이 비잔틴 제국의 바랑기언 용병과 지방 거주자에 사용된 점이다.

바이킹이 사용한 검자루와 검집의 장식 일부는 스칸디나비아 공

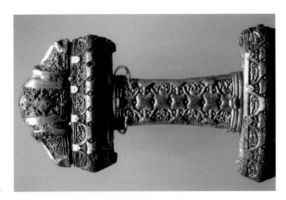

바이킹 검자루. 9세기, 스코틀랜드 박물관

예인들에 만들어져, 인구가 적은 지방의 부유한 무덤에서 발견한 검은 10세기 후반 바이킹 예술의 맘멘 스타일을 대표한다. 고귀하고 비싼 검을 소유함은 전사의 권력 상징이며 그의 위치를 올린다. 따라서 바이킹은 그들의 검자루에 정교한 장식을 하였으며, 이 장식 요소와 스타일로 검이 만들어진 장소를 식별한다. 훌륭한 검은 대장장이의 일 년 이상 작업이다. 자신이 검을 살 수 없으면 통치자에 봉사의 대가로 검을 하사받기를 기대한다.

도끼

유럽인이 바이킹을 생각할 때 우선 전투 도끼를 생각한다. 도끼는 검보다 만들기 쉽고 가격이 저렴하며, 효과적으로 자르는 무기다. 전투 도끼는 보통 도끼와 달라 더 넓고 굽은 칼날을 가진다. 이것은 돌진과 동시 자르거나 혹은 도끼 갈고리로 적의 방패를 멀리 밀어낼 수 있다.

두 타입의 전투 도끼가 있다. 가벼운 손도끼는 가까운 거리 전투

매장에서 발굴된 도끼

에서 한 손을 사용한다. 장점은 쉽게 창 뒤에 숨기거나 전투복 아래 두어 적에게 의심 주지 않는다. 무거운 넓은 도끼는 두 손으로 사용, 이 잔인한 무기를 효과적으로 휘두르려면 6피트 반경을 요구하여 용감한 자만이 이 도끼를 가지며 말 탄 자의 무기도 내려칠 수 있다.

넓은 도끼의 불편은 전사들이 스스로 보호하는 방패를 사용할 수 없으나, 그들 어깨에 방패를 메어 약간의 보호가 가능하다. 도끼의 단점은 검보다 그 가장자리가 한 번 타격으로 적의 방패를 자를 수 없다. 또 전투에서 도끼 축이 잘림으로 이것을 방지하려면 철 조각으로 축을 단단히 묶어야 한다.

화살

익숙한 전사들의 손에서 죽음 무기인 화살은 포위 공격과 바다 전투, 가까운 거리에 접근하기 어려울 때, 방패 벽이 무너지기 전, 전투의 초기 단계에 유용하다. 길고 짧은 활이 동시 사용되는데, 긴 활은 더 먼 거리와 힘을, 짧은 활은 가까운 접전에 간편하다. 화살은 잘 마른 상록수의 단독 줄기에서 만든다. 이상적인 화살 막대는

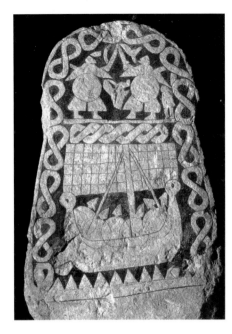

고트란드 네르, 스미스의 룬스톤, 짤막한 망토와 깔때기 바지를 입은 두 전사의 단순한 전투를 조그만 모습이 쳐다봄. 아래는 헬멧 쓴 바이킹 전사들로 가득 찬 배, 높이 1.16m, 현대에 페인트를 가함

나무줄기의 반경을 잘라 그 넓이의 3분의 2는 백목질, 나머지는 화살촉을 위한 딱딱한 부분이다. 활은 활력과 힘의 최고 배합이다.

방패

방패는 전투에서 필수적이고 가장 값이 싸다. 그것은 확장되며 여러 조각으로 만들어졌다. 전사는 전투에 최소한 2~3개를 가지며, 전통적 방패는 둥글고 반경이 3피트에 평평한 표면이다. 중심에 손을 보호하는 철꼭지가 있다. 타격을 방지하기 위해, 방패를 몸으로부터 멀리 지탱하고 다소 각도를 가지고 앞으로 겨누어야 한다. 공격 태도로 방패를 사용, 철꼭지는 접전일 때 적의 얼굴을 세게 칠 수 있다.

철갑옷

매우 비싼 철갑옷은 팔과 다리를 보호한다. 단철 고리로 만들었고 각각 용접하여 끝을 고정한다. 20~30,000 고리가 한 갑옷에 필요하다. 오래 견디며 전쟁에서 손상은 능숙한 대장장이에 수리될 수 있다. 따라서 바이킹의 강력한 병기고에는 많은 고리가 있는데, 죽은 자에서 제거한 전쟁 약탈물이다. 철갑옷은 배와 소매, 특히 위팔을 덮어야 한다. 속을 넣은 재킷 위에 입어 몸을 보호하고 타격의 쇼크를 흡수한다. 27파운드 무게가 어깨에서 흘려내려 입기 편하며, 무게 일부를 엉덩이에 전달하고 어깨 부담을 들어주기 위해 벨트를 착용한다.

헬멧

철갑옷처럼 철헬멧도 비싸. 대부분 전사는 아무것도 머리에 착용하지 않거나 속을 넣은 모자로 보호한다. 단순한 원뿔 모양에 얇은 철판으로 만들어지며 종종 철프레임에 못을 박았다. 헬멧은 타격의 쇼크를 보호한다. 옛 헬멧은 무서운 모습으로, 창과 검이 눈에 들어옴을 방지한다. 4파운드 무게로 전사가 자신의 헬멧을 가질 수 있다면 항상 착용함이 좋다.

얼굴 마스크를 가진 철헬멧

습격 타입

바이킹은 위험을 좋아하나 대규모 전투는 없고, 농장을 살 충분한 돈을 마련하려 몇 계절의 습격에 참여하였다. 습격의 성공은 대단한 이익을 가져왔고, 반대로 상대자의 패배는 큰 희생을 요구하였다. 따라서 바이킹 습격을 당한 희생자들의 주저함은 비겁하게 보이나, 실제 그렇지 않다. 전투에서 모든 것을 잃는 것보다 나중 더 이익이기 때문이다.

현명한 바이킹 지휘자는 습격할 지역의 동향을 지켜보며, 승리를 확신할 때 전투를 시작한다. 성공은 훌륭한 준비가 필요하다. (1) 지휘자는 유력한 전투지를 찾고 그에 맞추어 그들의 전사들을 형성한다. (2) 지휘자는 전선에서 싸워야 한다. 바이킹 전사는 이것이 기대되고 그것은 다른 전사들에게 영감을 준다. (3) 전투지에 마차를 몰거나 말을 탈 때도 도보 전투를 준비한다. (4) 용감하고 믿을만한 사람을 교군꾼으로 정해서 적의 진영을 잘 파악한다. 전투장선정은 도랑, 낭떠러지, 숲, 강을 피하며 여러 형태의 전투가 있다.

바이여 타페스트리에 나타난 노르만 바이킹의 전투 모습

소규모 행동

바이킹의 대부분 탐험은 조그만 그룹의 전투이다.

기회주의 해변 습격

가장 단순한 방법으로 배 한 척에 한 명의 선원이다. 기회주의로 항해 중 해안 가까이 방목하는 가축을 보고, 만일 가축 지키기가 없으면, 빨리 육지에 도착, 그들을 묶어 배로 끌어 올리고 사라짐이다. 배가 멀리 가서야 지방인들은 그것을 알게 된다. 혹은 경비군이 없는 잠자는 어업 마을의 습격이다.

해변 습격:『왕립 프랑크 연감』[2]

북구인 나라로부터 13척 해적선이 출발하여 플랑드르 해안을 약탈하려고 하였는데, 거기서 그들은 해안 경비대에 의해 격퇴되었다. 그러나 방위군의 부주의로 얼마의 집은 불탔고 조그만 숫자의 가축이 도난당하였다. 북구인이 세느 강 입구를 습격하기 위해 비슷한 시도를 하였을 때 해안 경비대는 그들을 공격하였고, 해적들은 빈손으로 후퇴, 5명을 죽음으로 잃었다. 마침내 아퀴테인 해안에서 그들은 성공, 마을 부인을 완전히 약탈하였으며 엄청난 전리품을 가지고 고향으로 돌아갔다.

---

2 Piracy: 『Royal Frankish Annals』
   Thirteen pirate ships set out from the land of the Northmen and tried to plunder the coast of Flanders, where they were repelled by coastguards. However, because of the carelessness of the defenders some dwelling were burned down and a small number of cattle were stolen. When the Northmen made similar attempts to raid at the mouth of the Seine, the coast guards attacked them and the pirates retreated empty handed, losing five men killed. Finally, on the coast of Aquitaine they met with success and thoroughly plundered the village of Bouin, returning home with immense booty.

홀 불태우기

국내에서 가족 간 불화 시에 사용하는 방법이다. 이 기법은 외국 농장이나 귀족 관저 습격에도 사용된다. 낮에 미리 장소를 알아두고 모두 잠자는 시간에 공격한다. 홀 입구에 병사를 배치하되, 비밀이 새어나갈 경우 홀 주위에도 배치한다. 그리고 지붕에 불을 지른다. 안에 있는 사람들은 연기와 불꽃으로 홀 바깥으로 뛰쳐나와 그들 숫자에 상관없이 쉽게 처치할 수 있다. 마구간과 바깥 건물은 불지르지 않는데, 식량 재고의 가능성이다.

홀 불태우기: 『에길의 사가』[3]

에길은 막대 다발이 즉시 불타기 시작하는 지붕 처마들 아래 불타는 통나무 끝을 밀어 올렸다. 홀 안에서 술을 마시던 사람들은 그들이 천장에서 퍼붓는 소리의 불꽃을 보았을 때까지 무엇이 일어나고 있는지 아무 생각이 없었다. 그들은 문을 향하여 돌진하였으나 그것은 쉽지가 않았다. 일부는 타오르는 목재들, 일부는 에길이 문에서 나가는 길을 막았기 때문이다. 그는 문간의 안, 바깥에서 사람들을 베어 넘어뜨렸다. 곧 홀은 바닥까지 불타고 그 안에 모든 사람은 살아남지 못하였다.

---

3 Hall burning: 『Egil's Saga』
  Egil pushed the burning end of the log up under the eaves of the roof, where the faggots soon began to burn. The people drinking inside the hall had no idea what was happening until they saw flames pouring from the ceiling. They made a rush for the door but it wasn't easy going, partly because of the blazing timbers, partly because Egil was at the door barring the way. He cut men down both in and outside the doorway. In no time at all the hall was burned to the ground and of all those inside not one survived.

노스움브리아 린디스파르네 수도회의 돌 조각으로 도끼로 무장한 바이킹 전사들. 793년 6월 8일 습격. 돌 한 편에 북구의 사악한 바이킹으로, 수염, 긴 좁은 스타킹, 두꺼운 코트에 검으로 전진, 자르려 도끼를 들어 올림

승원 약탈

승원 약탈의 성공은 큰 획득이다. 승려들이 미리 경고를 받으면 승원 보물을 매장하고, 가장 괴로운 고문도 그들에게 자백을 받을 수 없는데, 하나님을 위한 고통은 그들 내세에 경이로운 장소를 확신해준다. 승원들은 교회, 기숙사, 저장고, 부엌, 작업장 등 큰 지역을 벽으로 둘러싸이나 요새처럼 방위 벽이 아니라 부수기 쉽다. 공격 시작 전에 병사를 승원으로 통하는 모든 길에 배치해서 아무도 도망갈 수 없도록 해야 한다. 많은 승려는 건장한 젊은이로 나중 노예 시장에 좋은 가격을 얻는다.

지속은 승원 약탈의 표어로, 장난삼아 승원을 불태움은 잘못이다. 건물을 그대로 남겨두면 승려들은 돌아와 공동체를 재건하고, 다시 약탈할 수 있다. 그들은 거의 드물게 신체 저항을 하고 그들의 신성한 장소를 위반한 자에 복수하려 기도한다. 기독교 하나님의 힘을 증명하는 여러 스토리가 있다.

도시 약탈

　도시의 첫 형성 시기에는 거의 요새화되지 않는 곳에서 약탈을 시작하였으나, 차츰 요새가 생겨 긴 포위 공격 없이 도시를 취득함은 어렵다. 종종 항구 부두는 물품을 배와 저장소 사이 쉽게 움직이는 데 편리하다. 승원처럼 도시 약탈도 같은 원칙으로 더 시간이 걸리지만, 능숙한 약탈은 980년 영국 사우스햄튼이었다. 도시는 습격에서 빨리 회복된다. 프랑크 제국의 라인 강 도르스타드 항구는 834~837년 매년 약탈당하였고 여전히 회복하였다.

포위 공격

　바이킹은 이동하는 전쟁을 습득한 대가이다. 오랫동안 어느 곳에서도 정착, 반격을 취약한 곳에서 시작한다. 군대 힘을 기를 시간에 적의 위치를 파악한다. 이 이유로 포위 공격 대신에 시민들을 위협하고 공물을 바치게 한다. 포위는 모든 도시 생활과 관련됨으로

전형적인 바이킹 전쟁용의 긴 배

종복 조건에 합의, 정해진 지급으로 생명과 재산을 살릴 수 있다. 그 조건을 거절하면 도시는 파괴된다.

해적 활동

바람직한 상품으로 가득 찬 무역 배는 약탈의 좋은 목표이다. 무역 배는 바이킹의 긴 배보다 항해에 느리고 배를 젓기 위해 건설되지 않아, 바람이 없으면 도망하기 힘들다. 긴 배보다 선원들이 더 적고, 그것이 중도에서 차단되었을 때 쉽게 약탈당한다. 거기서 선원들이 저항하고 승객이 없으면 바이킹은 일반적으로 그들을 죽인다. 그러나 주교나 귀족처럼 중요한 승객의 경우, 그들 몸값은 값어치가 있다. 저항이 없으면 대부분 바이킹은 선원의 가치품과 무역 짐을 훔치고 배에 불을 지른다. 무역 배를 잡는 최고 기회는 배 항로를 미리 알아 조그만 만이나 해안 입구의 무역항에 잠복함이다.

해적: 『오르크네인가』 사가[4]

더블린을 향한 남쪽 길에, 스바인과 그의 약탈 무리는 영국에서 시작한 항로에 매우 가치 있는 영국 브로드천을 실은 두 상인 배들을 뜻밖에 만났다. 스바인은 이들을 습격하고 영국 선원들에게 도전하였으나, 선원들은 거의 저항을 하지 않았다. 그리고 스바인과 그의 사람들은 선원들이 가지고 있는 모든 페니(동

---

4 Piracy: 『Orkneyinga』 Saga
   On their way south towards Dublin [Svein and his raiding party] came across two merchant ships en route from England loaded with a very valuable cargo of English broadcloth. Svein made for the ships and challenged them, but they offered little resistance, and Svein and his men robbed them of every penny they had. The only thing they left the English were the clothes they wore and some food, and after that they rowed away.

전)마저 훔쳤다. 선원들에게 남긴 유일한 것은 그들이 입던 옷들과 약간의 음식이었고, 그 후 그들은 멀리 노를 저어 나갔다.

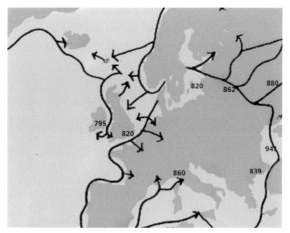

바이킹의 무역 통로

　바이킹 확장의 다른 방법은 무역으로서 8~9세기 증가하는 경제 활동과 도시 생활로 특징짓는다. 704~710년 남, 서덴마크 리베에 시장이 지역 정치권에 의해 설립되었고 즉시 도시로 성장하였다. 옛 덴마크-독일 경계선이며 현대 최북 독일에 위치한 헤데비, 스톡홀름의 서쪽 말라렌 호수에 위치한 비르카는 8세기 후반에 발전하였다.

　덴마크와 노르웨이가 서쪽으로 향하였지만, 스웨덴은 동쪽에서 다른 문화들을 만났다. 따라서 러시아 발전에 바이킹 현존의 중요성은 국내 러시아 정책과 동서 관계의 상황에 따라 다르다. 러시아가 바이킹에 혹은 슬라브인에 설립된 보는 관점에 따라 학자들 간에 의견이 다르다. 즉, 860년경 러시아 질서를 위해 초대된 루스가 바이킹인지 혹은 슬라브인인지 하는 점이다.

실제 바이킹은 발트에서 시작하며 돈, 드네이퍼, 볼가 같은 대러시아 강의 경로에서 활동하였다. 배와 물품을 한 강에서 다른 강으로 이동하기 위한 육로의 참여는 바이킹 루스가 캐스피언과 흑해에 도착하며 나아가 비잔틴 제국에도 접근할 수 있었다. 100여 개 스웨덴의 기념비 룬스톤은 동양에서 죽은 자들을, 그리고 동양 상품, 비잔틴 실크, 60,000 아랍 동전은 약탈, 돈 보호, 공물, 무역에서 온 것을 증명한다.

10세기 아랍 문서는 볼가 지역에 모피와 노예무역 상인들을 루스로 묘사한다. 모슬렘 여행가 이븐 파드란은 그들의 이상한 드레스 스타일과 하녀 노예들의 희생을 포함한 시체 임시 안치소 관행을 주시하였다. 또 루스 왕이 400명 전사의 개인 시종을 동반하였고, 비잔틴 황제는 바이킹 바랑기언 친위대를 가졌다. 860년 비잔틴 제국 약탈, 그리고 910~912년 16척 바이킹 함대가 캐스피언 해에 주둔하여 아바스쿠르를 침략하여 수많은 모슬렘을 살해하였다.

900~1000년 러시아에 살던 바이킹의 배 매장은 높은 지위의 사람을 포함하며 여성 현존은 그곳의 정착을 제시한다. 루스는 강과 호수 가까운 광대한 숲으로 둘러싸인 곳에 그룹으로 정착하였으며, 13세기 지방 정책의 급속한 성장으로 스타라야 라도가는 스칸디나비아 경로가 둘로 나뉘는 기지로서 도시 볼가와 드니페였다.

따라서 일반적 의견은 슬라브의 국내 성장과 스칸디나비아 간의 균형이 중세 러시아 발전에 기여한 점이다. 이미 러시아에 경제와 사회 발전이 있었고, 스웨덴 바이킹은 이것을 자극, 무역을 연장하였다. 그들은 여러 지역에서 슬라브 원주민의 습관들을 채택, 혼합하며 적극적인 무역 거래에 참여하였다.

한편 아일랜드에 정착한 히베르노 노스(Hiberno-Norse) 바이킹은 더블린에서 900년경 추방되었을 때 그들 군대의 지급 금고를 가져 쿠에달의 리블 강 언덕에 묻었다. 이것은 수 세기 후 발굴, 약 40kg 동전들로 무역과 약탈품이다. 이곳 약탈에서 획득된 노예들은 영국 요크에서 경매하여 바이킹은 정치 무역에 결정적 역할을 하였다.

사치품과 제품이 대량적으로 증가하며 동양과 서양의 중간 역할은 지중해의 모슬렘 침입 후 무역 행로가 닫혔을 때였다. 바이킹은 발트와 러시아를 통해 새 통로를 열었고, 경제 확장은 인구와 생산 증가, 새로운 부유로 약탈과 공물로서 스칸디나비아의 정치권 지배를 마련하였다.

바랑기언 친위대

바랑기언 친위대는 10세기에서 14세기까지 비잔틴 제국의 황제들을 위한 군대이다. 더 공식적인 군대 경력을 원하는 바이킹은 비잔틴 제국의 수도 미키리가르드(Mikiligard, 콘스탄티노플)로 여행하였다. 황제 바질(Basil Ⅱ, 통치 976~1025)은 그의 엘리트 군대를 만들어 "바랑기언 친위대(the Varangian Guard)"라 불렸는데, 이것은 스웨덴 바이킹 루스를 그리스어로 묘사하는 단어이다.

친위대 봉사는 보상이 좋아 바랑기언은 세계의 가장 부유한 도시에서 사치스러운 특권 생활을 즐겼다. 바이킹은 항상 비잔틴 제국에 용병으로 환영받았으나 정규적인 보병 유닛이었다. 황제 바질은 그의 비잔틴 친위대의 불충성에 바이킹 호위를 결정, 왜냐하면

바랑기언의 활동 지역

바랑기언은 궁정 살인 음모에 덜 참여할 것이고, 미키리가르드는 이 점에 악명 높다.

첫 6,000 바랑기언 용병이 황제 바질의 동맹자인 가르다리키(러시아) 왕 블라디미르(Vladimir the Great, 통치 980~1015)에 의해 보내졌다. 블라디미르는 그의 걱정 문제를 제거하는 기회로 이것을 이용하였다.

11세기 후기 존 스키리체스가 쓴 연대기에 나타난 바랑기언 친위대

니코라스 로에리히의 「슬레브인, 루스의 시작」 시리즈 중 「해외의 손님들」, 1901년

그는 자기의 왕위권을 위해 노르웨이와 스웨덴 용병들을 모집하였으나 지급할 돈이 없었다. 바랑기언은 미키리가르드에 도착하자 즉시 크리스폴리스 전투에서 배신자 군대를 격퇴하였고 그 후 항상 황제 옆을 지켰다. 황제는 바이킹 전사들이 봉사하고 싶은 위대한 전사로 이들은 세르크란드(이슬람 아바스 왕조)의 모슬렘 사라센을 대항하는 전쟁을 준비하였다.

영국과 아일랜드 정착

바이킹 시대의 족장들은 사회의 최고 직위를 가지며 정치 영역을 설립하기 위해 그들이 전쟁에서 얻은 승리를 이용하였다. 정치적 영토 설립은 승리한 족장들에게 주어지며, 이들에게 보호된 평민들은 약탈 지역에 영구적으로 정착할 수 있었다.

서쪽으로 향한 바이킹 전부는 약탈자가 아니다. 아일랜드는 처음 심하게 침략당하였으나, 850년 후 바이킹은 더는 이곳을 협박하지 않았다. 즉시 정착이 이루어졌고 무역 교류가 일어났다. 더블린 중심지에 스칸디나비아 공동체가 성장, 번창하였으며, 영국 요크에서도 발굴에서 당시 공예인들의 다양한 거래를 볼 수 있다.

876년, 877년, 880년 앵글로-색슨 연대기는 기록하기를, 바이킹

노르웨이 바이킹 잉골프 아르나손은 아이슬란드의 첫 공식 정착자 요한 페터 라드식의 「잉골프는 아이슬란드의 소유권을 취득하였다」, 1850년

지도자들은 북쪽과 동잉글랜드 땅을 점령하였고 평민들은 그들 자신의 생활 충족을 위한 일에 종사하며 땅을 경작하였다. 바이킹은 북구 대서양에 위치한 파로에 섬, 아이슬란드, 그린란드 같은 미정착 땅도 탐험하고 그들을 식민화하였다. 영국과 아일랜드에 이들 정착인은 점차 동화되며, 영어 언어와 장소들 이름에 영향 끼친다.

　바이킹의 해외 확장은 인구 증가에 반하여 부족한 자원을 위한 경쟁이며 지닐 수 있는 부를 찾는 새로운 땅의 탐색이었다. 왜냐하면 철기시대의 권력 중심은 족장들이 수입품에 접근할 수 있는 특권의 선물교환 경제로서, 그들 지위는 지닐 수 있는 부에 의존하며 이것은 종속자들에 보답으로 내려갔다. 바이킹 지도자들은 더 약한 위치로부터 공물을 받았고 이것을 선물로 돌렸으나, 선물이 준비되지 않으면 힘으로 추출하였다. 후기 사가 문학은 알리기를, 강력한 지도자들은 그들 종속자들에 은 팔고리들로 신하의 충성을 보상받아 "고리를 주는 자"로 이름 지었다. 고리 은 매장은 스칸디나비아와 다른 약탈 지역에서 특징적이다.

매장에서 발굴된 은고리

오테레(Othere) [5] 같은 바이킹은 여러 경제 반구에서 활동하였다. 고국에서 공물과 선물을 얻어, 매장물은 선물 교환에 사용된 부의 일부였다. 무역인들은 규칙적으로 사치품, 특히 은을 얻기 위해 새 친구들을 얻고 동맹국을 사려 하였다. 번성하는 북유럽 시장에 그들 제품과 노예들을 무역하였을 때 전에 만나지 않은 상인들과 대면, 정당한 무역을 위해 왕권 보호와 쉬운 통화 거래의 동전 제작이 필요하였다.

차츰, 선물 교환의 중요성을 잃으면서 땅 소유권이 휴대용의 부유보다 더 중요시되었고, 선물 매장도 끝났다. 이것은 평화가 이루어짐이 아니고 정치권 기본이 바뀐 탓이다. 땅과 부동산은 권력의 근원으로, 후기 바이킹 약탈은 새 정착지를 얻는 것이다.

앵글로-색슨 연대기는 870년도 덴마크인과 영국인 사이에 땅의 3가지 분류로 노스움브리아, 메르시아, 이스트 앵글리아를 기록하였다. 886년 다네로우 경계선 합의로 북, 동쪽 지역은 덴마크 풍습이 성행, 이곳에서 by(도시)로 끝나는 스칸디나비아어와 배합한 이름들이 요크셔에 210개, 링컨셔에 220개가 나타났다.

또 대량 생산의 쥬얼리에 뛰어난 영국의 디스크 브로치는 앵글로-색슨 형태이나 자주 스칸디나비아 장식으로 앵글로-스칸디나비아의 잡종 문화를 증명한다. 무덤 매장도 개인 기념비로 바꾸어, 북요크셔 미들턴(Middleton)에 전투와 십자가는 전면에 무장한 전사, 뒷면에 용과 사냥 장면을 그린다.

---

5 오테레는 9세기 후반 왕 알프레드를 방문한 노르웨이 무역인이다. 그들이 어떤 언어로 이야기하였고 통역관을 사용하였는지 모르나, 알프레드는 오테레의 생활, 여행을 물었고 그들은 영어로 기록되었다. 오테레 고향은 노르웨이 최북쪽 북극이다. 그의 땅은 보잘것없어 많은 수입은 순록, 고래와 해마 사냥이었고 이웃 사미에게 공물을 받았다. 자신의 배를 가졌고 북유럽 시장을 위해 해마 상아와 모피를 팔려, 그리고 남쪽으로 여행하였다.

새로운 앵글로-스칸디나비아 영주들은 기독교로 개종하여 많은 조각이 기독교와 기독교 이전의 주제를 배합하였다. 쿰브리아 고스포스(Gosforth)의 십자는 한편에 스칸디나비아 의상을, 다른 편은 세계 마지막의 처벌이다.

　　재산을 통괄한 10~11세기 교회는 이곳 스칸디나비아의 정착에 몰락되며, 새 토지 소유자들이 그들 토지에 개인 교회를 건립, 지방 공동체를 봉사한 교구 교회로 발전하였다. 초기 영주들의 매장지로 교회는 가로누운 돌 석판을 만들어, 영국에서 다른 언어, 문화, 종교 사이에 복잡한 동화 연속이 이루어졌다.

9세기 말 요크셔 미들턴의 기독교 기념비, 그의 무기, 방패로 둘러싸인 바이킹 전사, 이교도 전통에 따라 그의 무덤 방설계, 이교도와 기독교 혼합은 영국 정착 초기에 전형적임

아일랜드 지역은 당시 출처에 거의 나타나지 않으나 스칸디나비아 약탈자와 정착자에 전략적으로 중요하다. 아일랜드는 8세기 후기까지 예술, 문학, 지식 중심지로 아일랜드 정체성을 개발하며 이것을 신화를 통해 정당화하였다. 도착하는 바이킹을 외부인으로 간주하며 그들 뿌리를 켈트 유산으로 돌아보았다. 그런데도 바이킹이 주요 도시 설립에 기여한 잡종 문화 발전이 있었다. 노르웨이 조상을 공유하나 이곳에서 자란 세대로 스칸디나비아와 켈트 문화 양면을 채택한 히베르노-노스인이다.

아일랜드 약탈은 영국에서 기록된 같은 패턴으로 830년경 승원 기지에 고립된 롱프트 요새 건설과 더 큰 배들이다. 비교적 평화의 짧은 기간이 새로 시작한 약탈에 따르며 더블린에 기지가 재설립, 노예무역 중심지가 되었다. 902년 노르웨이는 아일랜드를 연합, 10세기 중순 상당한 배후 지역을 통치하였다. 12세기까지 이곳 구조는 노르웨이에 기인한다.

19세기 바이킹 더블린 발굴에 4개 분리된 묘지와 여러 단독 무덤(841~902)에서 60~80명 남성과 10명 여성이 발견되었다. 도시는 10세기 흙둑으로 둘러싸이며 두 번째 큰 둑이 다음 세기 도시 주위에 세워져, 히베르노-노스 점령을 증명한다. 만 제도(Isle of Man)는 1266년까지 노르웨이 통치로 이곳 정착자들은 바이킹 유산을 간직, 그리고 오크네이와 세트란드처럼 북쪽으로 갈수록 노르웨이의 문화 독점이 드러난다.

이교도 믿음

8세기 후~11세기의 매장

종교는 숭배 개념을 포함한 법적 행위로, 신성한 인간들을 믿는 한 세트의 믿음 제도이다. 스칸디나비아 신화는 모든 신과 인간이 세계 종말 라그나록(Ragnarok)에서 죽임당하고 불태워짐을 알린다. 아무도 그들의 생을 바꾸거나 피할 수 없다.

바이킹은 현 세계와 후세, 인간과 동물 세계의 경계에 유동적이다. 신화에 초자연적 존재의 여러 계급이 있으며, 그들은 하늘, 땅, 바다와 지하세계에 살며, 세계가 법에 따라 운영, 통제됨을 감독한다. 두 가족의 신 중에 에시르(Aesir)는 인간 문제를 다루는 오딘(Odin)과 토르(Thor), 바니르(Vanir)는 계절과 비옥을 담당하는 노르드(Njord), 프레이(Freyr), 프레야(Freyja)로 구성된다. 따라서 바이킹 이교도들은 그들의 사회 신분과 장소에 따라 신들을 숭배, 부족장, 전사들은 오딘을 좋아하였고, 평민은 토르에 신임을 두었다.

신의 세계는 3단계로 배열, 신들은 제일 높은 곳에 사는데, 신성한 세계 나무 이그드라실이 있는 오스가르드(Ásgard)이다. 그 아래는 미드가르드(Midgard)로 인간이 살며 미드가르드의 한 벽은 바다 멀리 해안에 사는 거인들을 방위한다. 최하 단계는 니브하임(Nivlheim)으로 죽은 자의 땅이다.

이교도 믿음의 기본은 마법적 관행으로 특수한 무덤 대상물에서 금속과 나무 막대로 나타나며, 의자 모양의 은 부적에 동물 마스크들은 이것을 실행하는 자를 의미한다. 예로 덴마크 피르카트 무덤은 한 마녀와 마법사 매장으로 해석, 한 마차가 여성 시체관으로 사용되었고, 브로치는 관례에 따라 짝으로 묻히지 않고 2개의 은 발고리를 달고 있었다. 그녀의 무덤 대상물은 과일 담은 놋쇠 사발, 2

노르웨이 오세베르그 배 매장

독일 무역 항구 맨즐린 옛 캠프의 돌무덤

개 뿔잔, 철불집게, 막대기 재, 여러 부적이다.

바이킹의 오세베르그 배 매장에 두 여성이 안치되어 있는데 약 25살과 50살이다.[1] 어린 여성은 공주이고 늙은 여성은 하녀로 추정된다. 그러나 무덤 대상물은 다른 역할을 제시, 공주와 최고 여성직자를 한 사람으로 배합된 역할이다. 동시에 발견된 두 조그만 타페스트리는 프레이와 오딘의 이미지가 담긴 행렬을 묘사하며 대상물 일부는 실제 사건들을 담는다. 마법 자료와 행렬 운반에 2개의 철램프를 포함한 오크 상자 외, 5개 나무 동물 머리와 한 마차는 프레이의 신성한 동물 이미지로 새겨졌다.

따라서 스칸디나비아의 지역적 변형에도 죽은 자를 개인 장식품, 생활 용기와 부속품 일부를 선택하여 함께 묻는 것이 상례이다. 부유한 자는 그들의 말, 개, 노예를 동행한다. 이 예식이 화장이든 매장이든, 죽은 자의 내세를 위한 여행 장비로 내세는 현 세계와 같은 것으로 상상하기 때문이다. 매장에 배를 사용함은 죽음이 한 여행으로 생각하였던지 실제 배가 사용되지 않았을 때 무덤들은 배 형태로 만든 돌로 표시하였다.

바이킹은 그의 긴 배에 그의 말들, 개들, 한 노예(남, 여 상관없이)를 포함한 부유한 무덤 대상물로 둘러싸여 묻혀야, 자기 계급에 맞는 대로 내세로 항해할 수 있다고 믿었다. 그러나 배 소유자가 훌륭하고 고귀한 출생이더라도 외국 원정에서 살아남은 자는 배를 생략할 수 있었다. 대신 돌배를 만드는데, 둥근 돌을 타원으로 세워 배 윤곽을 표시, 그 안에 죽은 자를 화장하였다.

이러한 배 무덤들은 바이킹 시기 전 스칸디나비아 지역에 발견

---

1 다른 견해에 의하면 늙은 여성은 왕비, 어린 여성은 그녀의 하녀이다.

된다. 배 매장의 기본 아이디어로, 죽은 자는 초자연적 힘을 얻어 돌배를 향해 배로 바꿀 수 있다는 믿음이다. 석기와 청동기 시대의 그들 조상은 실제 배보다 상징적인 복사로 이것을 죽은 자에게 제공함이 더 값이 싸고 편리함을 자주 발견하였다.

노르웨이와 동, 서스웨덴은 매장이 보편적이나 북유트란드 바깥의 덴마크에서 이 관행은 드물다. 스웨덴에서 화장은 그전 벤델 (Vendel, 550~790) 시기 유행하였고 바이킹 시대 배 매장으로 계속하였다. 농장 주위의 동산 아래 화장 무덤은 떼를 지었고, 화장 잔여물은 배, 토기, 금속 용기에 넣거나 땅 위에 뿌렸다. 매장이 남쪽과 중유트란드, 북노르웨이에서 시작되어, 시체를 직접 땅에 묻거나 관, 방 혹은 용기에 넣는다.

헨릭 시에미라드즈키가 그린 「한 루스 귀족의 장례식」, 1883년, 모스크바 국립역사박물관

9세기 단순한 매장에 비해, 다음 세기, 무기와 승마 장비를 가진 부유한 기병대의 특수한 무덤 그룹이 나타났으며 대상물은 12세기까지 스웨덴 무덤에 포함되었다.

중세기 초반에 은 재료는 드물고 특히 주조된 은이다. 매장 숫자가 더 적어지며 발견물은 자주 큰 쥬얼리로 대치되었다. 오직 고트란드의 바이킹 시대 매장에 쥬얼리와 지급용의 은으로 외국 동전이 포함한다. 홀륭한 바이킹 오너멘트는 스칸디나비아 전통을 계속하며 동, 서양 예술을 흡수하였다. 외국 대상물은 서양이 근원이거나 서양에서 영감을 받은 대상물로 당시 기독교 세계를 통해 펼쳐진 로마네스크 스타일이다. 동쪽은 동슬라브-러시아 전통이 대부분이고 비잔틴-오소독스 전통이다.

이교도 믿음

12~13세기 아이슬란드 문학은 기독교 이전 스칸디나비아 신화의 기록이며, 9~11세기 고트란드의 돌 기념비는 이것의 이미지 기록이다. 신화는 기독교로 개종한 지 오래된 후 기독교인들에 의해 쓰인 것에 비해, 이미지는 당시의 기록이다. 룬 비문과 기록 출처, 개인과 장소 이름, 고고학 재료는 이곳 신화가 다른 게르만족과 유사함을 보인다.

기독교인들이 이교도 신에 관해 쓴 시와 산문은 정확치 않고, 외국인들의 바이킹 이교도 기록들은 직접적 주시인지 여행자들의 이야기인지 확실치 않다. 독일 연대가 브레멘의 아담은 11세기 이교도에 관해 웁살라 신전(Uppsala Temple)의 희생을 자세히 적었으나 그는 스스로 보지 않았다.

아랍 연대가 이븐 파드란도 볼가에 이교도 바이킹 장례식을 묘사하였다. 그러나 이 지역 바이킹 관행들은 이웃 슬라브족에서 영향을 받거나 혹은 그가 본 것의 아랍 번역이 소통상 다소 방해가 있을 수 있다. 파드란은 여러 번 파라다이스를 언급, "그린과 아름다운" 것으로 묘사하였다. 이것은 유럽 출처에 묘사된 오딘 신의 향연 홀 발할라(Vallhalla)가 아니며, 실제 파라다이스를 스칸디나비아어로 번역되는지 의심스럽다.[2]

그리고 옛 웁살라에 이교도 신전은 헌신적인 건물보다 어떤 때

---

2 이런 면에 고고학 발견은 더 상세하고 정확하다. 오세베르그 배 매장은 세 개의 중요성을 제시한다: (1) 대상물은 실생활에 사용된 것이지 장례식을 위해 특별히 만든 것이 아니다. (2) 특수 지역에 행해지는 장례 관습, 매장 방법과 방식이다. (3) 그런 습성을 지녀온 이교도의 믿음이다.

는 이교도 향연 홀로 해석되어, 장소 "호프(hof, 궁정)" 이름은 아이슬란드 호프스타디르처럼 종교 제식의 건물 사용을 제시한다. 즉, 1980년도 고고학 발굴에 다소의 새 구조가 발견, 종교, 봉헌의 소규모 지방 활동이 특수 장소에 열렸다는 의견이다.

스웨덴 프러쇠 섬(문자적으로 이교도 신 프레이의 섬) 발굴은 희생 숲의 잔재로, 연단 아래 쓰러진 자작나무의 썩은 나무뿌리 주위에 큰 동물 그룹이 모였다. 뱀, 엘크, 수사슴 머리, 돼지, 암소의 가죽들 혹은 나무에 걸린 몸체들로 방사성 탄소 날짜는 10~11세기 활동을 추측한다.

고트란드에서 숭배 건물이 한 농장에 부착되어 있다. 제식 활동은 주로 10세기에 속하지만, 이 건물은 8세기 초 사용되었다. 통로

스웨덴 웁살라 신전(위), 16세기 올라우스 마구누스의 묘사로 3명의 신인 프레이, 토르, 오딘(아래)

로 분리된 2개 방으로 동쪽 벽을 따르면 돌 플랫폼, 아마 우상들을 안치한 주각(plinth)이다. 돌로 포장한 땅 상부층은 태워지지 않은 동물 뼈와 수사슴 잔재, 98개 고리 매장을 포함, 고리들은 무덤에서 보통 단독으로 발견되는 해머나 도끼처럼 부적으로 사용된 것 같다.

모래층의 옆 건물은 금속 작업장으로, 동물 뼈는 말, 개, 늑대로 희생 음식의 잔재이며, 고양이, 해리, 여우, 순록, 거위도 있다. 암퇘지와 수퇘지 뼈들은 공간적으로 난로를 가진 수퇘지(프레이를 대표, 색

스웨덴 헬싱란드의 스코그 교회에서 1100년경 직조한 타페스트리 일부. 이교도에 숭배된 긴 튜닉과 헬멧을 쓴 3명의 신 프레이, 토르, 오딘이다. 한쪽 눈 오딘, 해머를 쥔 토르, 옥수수 이삭을 가진 프레이, 그 옆에 조그만 여신이 서 있음

욕. 남성 신)와 부적 고리의 암퇘지(그의 여성 짝 프레야)로 구별하였다. 11세기 숭배 건물은 허물어지고 자갈로 지역은 덮였다. 돌 교회가 13세기 숭배 지역의 100m 동쪽에 세워졌으나, 그전 나무로 지은 교회가 있었을 것이다.

12세기 말까지 이교도 믿음은 스웨덴 스베아 왕국의 중심지조차 강하여, 웁살라 신전은 여전히 사용되었다. 사람들은 역병과 기근에 신 토르에게 선물을 바쳤고, 전쟁 시기 오딘에게, 결혼 축하는 프레야였다. 브레멘의 아담은 웁살라에서 인간과 동물들이 오딘에게 희생, 신성한 봄에 신성한 숲에 매달렸음과 희생 선물을 가져와 나무 모습의 신들에 바침을 기록하였다.

그 민족은 웁살라라 부르는 유명한 신전을 가지는데 시그투나 도시에서 멀지 않다. 완전히 금으로 덮인 신전에서 사람들은 세 명의 지혜 많은 신의 동상을 숭배하였다. 그들 중에 가장 위대한 신은 토르로 홀 중심에 왕좌를 가진다. 오딘과 프레이는 각 편에 위치한다. 신들의 중대성은 다음과 같다. 그들은 말하기를, 토르는 공기를 다스리며, 번개와 천둥, 바람과 비, 좋은 날씨로 곡식을 통치한다. 맹렬한 오딘은 전쟁하고 그의 적들에 대항하는 사람들을 강하게 만들려 영향 끼친다. 셋째는 프레이로 사망하는 인간에 평화와 즐거움을 부여한다. 그의 외관은 역시 대단히 큰 남성 성기로 만들었다. 웁살라에서는 엄숙함이 습관이다. 9년 간격으로 스베아의 모든 지방에 향연이 열린다. 이 향연의 참가에 누구도 제외될 수 없다. 왕과 모든 국민이 그들 선물을 웁살라에 보낸다. 어떤 처벌보다 더 괴로운 것은 제식을 통해 기독교를 이미 채택한 자들은 그들 스스로 보상하는 행동이다. 이 방법으로 살아 있는 모든 남자의 아홉 머리를 희생, 제공

하는데, 신들을 달램의 습성은 피와 함께한다. 즉, 신성한 신전
에 인접한 작은 숲에 걸어놓은 그들 신체이다. 이 작은 숲의 모
든 나무는 신성한 것으로, 죽음이나 희생 때문이다. 심지어 개
와 말들도 인간들과 함께 매달렸다. 한 기독교인이 나에게 말하
기를, 그는 매달린 72시체를 보았다. 이 종류의 희생 제식에서
관행적으로 바뀌는 주문들은 다양하고 보이지 않는다. 그럼으
로써 그들에 관해 조용히 있는 것이 더 낫다.

　　이교도 활동은 열린 공간의 신성한 작은 숲에서 행해졌다. 신성
한 숲은 타시투스가 쓴『게르마니아』에서 언급되었는데, 고대 게르
만족은 어머니 여신 네르투스를 숭배하였다.[3] 신성한 숲에서 그녀
의 존재를 느끼면 평화와 축하의 행복한 날들이 따른다. 네르투스
의 제식은 역시 물과 관련, 노예들은 그들이 익사하기 전 비밀로 네
르투스의 이미지를 씻었다. 고고학적 기록에 철기 시대 초기부터
호수, 습지에서 인간 희생을 발견한다.
　　에시르 신에서 가장 현명한 오딘도 나무와 물과 연관된다. 깊은

신성한 숲에 희생물 제식은 고트란드의 함마르스 룬스톤에서 묘사

---

3 여성 신 네르투스(Nerthus)는 고대 스칸디나비어로 노르드(Njord) 남성 신이며, 바이킹 이교도 신
　　앙에 나타난다.

지혜를 얻을 탐구로 지식 샘의 물을 마셨고, 그 자신 세계의 나무 이그드라실에 희생물로 매달렸다. 이그드라실은 고대 그리스 여성 "시빌의 신탁"에서 비상한 힘을 증거한다. 이 물푸레나무는 뿌리에 있는 우르드 샘으로 물이 공급되며, 매일 샘의 물은 신성한 나무 위를 흘려 그것이 시들거나 죽지 않게 한다. 자연에서 흘러나오는 신성한 생의 물은 철기 시대를 통해 숭배되었고, 샘들은 초자연적 힘을 가져 지하세계와 직접 접촉, 인간은 샘, 호수, 습지에 선물을 바침으로써 그들의 힘을 갈망하였다.

스칼드(skaldic) 시도 신성한 출처 숭배를 묘사하며 이 믿음은 민속 전통에 살아남았다. 기독교가 도착하였지만, 교회는 옛 믿음을 제거하지 않아, 사도 보니파스(672~755)와 승려들은 기독교 이름으로 이교도를 개종시키면서, 신 토르에게 봉납하였다. 교황 그레고리 Ⅲ세는 보니파스에게 이교도를 금지하기보다 이교도 제식과 숭배 장소를 기독교화하라고 지시하였다. 따라서 이교도들은 말과 소의 희생을 계속하기 허락되었고, 이러한 의식들은 차츰 기독교 희생자

신에게 바치는 신성한 희생 동물. 보르크 바이킹 항구

를 기념하는 날로 이전되었다. 교회와 채플이 옛 신성한 숲에 세워졌고 신성한 샘도 마찬가지이다.

그러나 신과 인간은 이 신비로운 숲에서 남, 여 성직자가 인간의 이익을 위해 신에게 희생하였을 때야 만날 수 있었다. 남 성직자는 세속과 종교 지도자로 정치적, 법적 권한을 가지며 종교 문제에 신과 인간을 연결하였다. 여성도 신성 제식에 나타나, 사가에서 5명 여 성직자를 볼 수 있다.

이교도 종교는 종교 가르침이나 교조에 관여치 않고, 적절한 행위로 정확한 예의나 습관이지, 믿음을 언급하지 않는다. 종교 생활은 생활 구조와 엮어져, 인간은 헌신의 구체적 행위로서 신성과 접촉하며, 이 보상으로 평화와 풍요의 축복을 받는다.

따라서 무덤에서 성직자가 사용한 대상물을 발견할 수 있고, 무덤은 지방 이름이나 장소에서 쉽게 찾는데, 농장과 연결되었기 때문이다. 예로, 노르웨이 후브는 라르빅에 가까운 제식장으로 후브란드 농장들은 "토르스트베트", "프레이스트베트"로 불리며 "토르와 프레이의 공터"란 의미이다. 흥미로운 것은 호브란드 바이킹 고분에 큰 숫자의 여성 무덤이다. 여기서 나타나는 개암열매는 존경의 상징일까?

실제, 이교도 시기와 중세기 초, 개암나무 가지 막대들을 표시하여 신성함을 표시하였다. "한 밭을 개암나무로 한다." 표현은 한 장소를 만들어 모든 행사가 거기에서 행해짐이다. 이 신성한 장소는 중세기 초기 법들에 기록되었다. 호브란드 여성 무덤의 개암나무 껍질은 그녀의 예외적 신분을 반영한다. 한편 아케수스 에드름 토소브의 10세기 무덤은 토르의 제식장으로 한 남성이 부유한 선물과 함께 안치되었다.

신들의 아버지 오딘

18세기 아이슬란드 마뉴스크립 SAM 66에 묘사된 오딘과 여덟 다리
를 가진 그의 말 슬라이프니르

오딘의 뚜렷한 정의에 관한 출처는 13세기 아이슬란드 작가인
스노레 스투라손(Snorre Sturlason)의 에다 산문시이다. 아이슬란드가 기
독교국이 된 약 200년 후로써, 에다 사가는 그들이 묘사한 사건들
보다 후기 기독교인들에 의해 쓰여 그 사건들이 가상이지만, 조상
들의 이교도 전통을 창조, 기억하려는 것 같다.

오딘은 신 중 가장 위대하고 형제들과 함께 세계를 창조하였다.
그리고 첫 인간들이다. 모든 것을 통치하여 다른 신들이 그보다 강
해도 오딘을 그들의 아버지로 봉사한다.

에다 시 『길바긴닝(Gylvaginning)』에서 왕 길베는 오스가르드의 신들에게 물었을 때, 12명의 신은 오딘이 모든 신의 아버지라 대답하였다. 오딘은 왕, 전사, 시인들이 숭배하는 전쟁, 죽음, 지혜, 마법 요술의 신이다. 그의 특수한 속성은 궁니르 창으로 아무도 이 창을 피할 수 없다. 오딘이 라그라록에서 던지는 창은 신들과 세계 파괴로 끝나는 혼돈의 힘과 최종 전투이다.

오딘은 향연 홀 발할라를 소유해서 전투에서 쓰러진 모든 전사를 이곳으로 초청하여 대접한다. 낮에 전사들은 일어나 싸우며, 밤에는 모두 테이블 주위에 앉아서 돼지고기를 먹고 벌꿀 술 미드를 마시는 향연을 즐긴다. 전투에 쓰러진 자들은 오딘의 여성 전사 발키리에 의해 선정되고 그들에 의해 발할라에 환영된다.

어휘 "발(Val)"은 Valhalla와 Valfather의 접두어로 "죽임당한 자"를 의미하는데, 전투에서 죽은 남성이다. 스노레 신화는 오딘으로 알려진 이름 명부들을 에다 시 『그림니스몰(Grimnismál)』에서 묘사한다. 명부들은 목 달린 신, 헬멧을 쓴 자 등등 전투와 죽음에 관련된다.

6세기 발트 외란드 섬 토르스룬다에 발견한 헬멧 주사위. 뿔헬멧에 춤추는 젊은이는 오딘 숭배자로 전사들의 운명을 결정하는 그의 전령. 동물과 함께한 전사는 분노의 전투에서 늑대 혹은 곰으로 바뀌었다. 체인에 괴물을 쥔 도끼 가진 자는 늑대를 묶는 티의 신화를 제시

오딘의 새와 동물은 시체를 먹는 갈까마귀와 여우이다. 갈까마귀는 후긴(Huginn, 생각)과 무인(Muinn, 기억)의 지혜 신으로서 오딘의 다른 기능과 연결한다. 에다 시는 오딘의 지혜와 탐구 이해를 중심으로 하여 오딘과 거인 사이의 지식 경쟁이다. 거인은 아홉 세계를 방문하였고 죽음 영역까지 깊이 침투하였다. 오딘은 수치스러운 계교의 질문 시합에 이기기 전 거인에게서 세계의 많은 비밀을 배운다. 거인은 세계 끝에 풀린 인간, 신과 괴물의 파괴, 늑대, 세계의 뱀을 오딘에게 알려주었다.

오딘의 다른 특징은 시인의 신으로서 시들은 깊고 복잡한 스토리를 가진다. 그가 자신을 희생하며 세계 나무에 매달렸을 때 심오한 지혜와 룬 문자의 예술과 시에 관한 지식을 획득하였다. 에다 시 『호바몰(Hávamál)』(138~139, 높은 지혜의 격언)은 오딘의 지혜에 관한다.[4]

---

4 I know that I hung
　on a high windy tree
　for nine long nights:
　I had a spear wound–
　That was Odin's work–
　I struck myself.
　No one can tell about that tree,
　from what deep roots it rises.
　They brought me to no bread,
　no horn to drink from,
　I gazed towards the ground.
　Crying aloud,
　I caught up runes;
　finally I fell.
　　⋮
　Thus I learned the secret lore,
　Prospered and waxed
　In wisdom.
　『The Sayings of the High One』

나는 바람이 부는 높은 나무에

매달린 것을 알고 있다.

긴 아홉 밤을

나는 상처를 입었고 그것은 오딘의 일이다.

나는 나 자신을 공격하였음으로

아무도 나무에 관해 이야기할 수 없다.

얼마나 깊이 뿌리가 자라는 것을

그들은 나에게 빵과 마실 술잔은 가져오지 않았으며

나는 단지 땅을 바라보았다.

큰 소리로 울며

나는 룬 문자를 잡았다.

마침내 나는 쓰러졌다.

⋮

그래서 나는 비밀 이야기를 배웠다.

지혜의 번성하고 쇠퇴한.

또 오딘은 거인으로부터 시의 벌꿀 술을 훔쳐 인간에게 주었다. 벌꿀 술을 마시는 자는 시인이 되므로, 오딘이 만든 술을 훔치든지 그와 접촉해야 한다. 시는 오딘의 선물이고 오딘은 모든 시인의 후원자이다. 아이슬란드 후기 문학은 오딘 숭배의 적용이다.

오딘의 부가적 증거는 8~9세기 고트란드 돌 기념비 룬스톤에서 나타난 여덟 다리의 말 슬라이프니르(Sleipnir)를 탄 용사의 이미지이다. 죽은 자 가족의 추모로 길을 따라 세운 룬스톤에 묘사된 슬라이프니르는 에다 시에 여러 번 발견된다. 8~9세기 챙비데(Tjängvide) 룬스톤에서 그의 이미지는 석회암 석판에 페인트를 가한 낮은 렐리프에서 볼 수 있다.

룬스톤의 위 장면은 고트란드 바이킹이 어떻게 발할라를 인식하며, 오른쪽에 쓰러진 한 사람과 그 왼쪽에 먹이로 잡힌 새가 날려하는 파편 모습이 있다. 아래 말은 오딘의 말 슬라이프니르이고, 그 위에 검을 가진 전사는 마시는 용기(?)를 그의 올린 손에 쥐며 달리고 있다. 우아한 장식 망토의 한 발키리를 만난다. 그녀는 승자에게 어떤 확인할 수 없는 대상물을 제공한다. 그 뒤에 다른 발키리가 도끼를 가진 전사에게 뿔술잔을 제공, 그들 위에 향연 홀이 있다. 왼쪽 가장자리에 오딘의 룬문자 비문이 쓰여 있다.

　　챙비데 돌 아래편에는 배로 돛을 쥔 무장한 전사들로 가득하다. 창과 검을 가진 선장은 배 뒤편에서 조종한다. 그리고 누구에게 룬스톤을 바치는가를 알리는 룬 문자 밴드가 있다. "이것은 요룰브, 그의 형제를 위해 돌을 세웠다." 요룰브는 무역 원정에 참여해서 배를 조종하였거나 마지막 여행으로 다른 세계를 조정한 것 같다.

9~10세기 고트란드 알스코그의 챙비데 이미지 룬스톤. 위는 발할라에서 죽은 영웅의 환영. 아래는 배 항해와 전사들. 높이 1.7m, 넓이 1.2m, 두께 0.3m. 컬러는 현대에 가함. 국립역사박물관, 스톡홀름

천둥의 신 토르와 그의 해머

바이킹은 오딘을 모든 신의 최고로 위치시키나, 11세기 앵글로-색슨은 이교도 신 토르를 언급, 이것은 당시 이교도 바이킹의 침략 탓인 것 같다. 또 브레멘의 아담은 웁살라 신전의 신 이미지들을 그리며 가장 강한 신을 토르로 묘사하였다.

오딘이 통치 계급의 신인 반면, 그의 아들 토르는 평민의 신으로서 끊임없이 거인들과 싸운다. 두 거대한 염소가 당기는 마차로 돌아다니며 그의 무기는 초자연적 힘을 가진 멀르너(Mjölner) 해머이다. 해머는 모든 곳을 친 후에 항상 토르에 돌아온다. 토르는 그에게 이중 힘을 주는 특수한 벨트와 철장갑도 가진다.

시인, 전사, 농부였던 에길 스칼라그림손(c.904~c.995)이 왕 에릭 블라드악스를 노르웨이에서 추방하려 신을 불렀을 때 그는 토르에게

1000년경 아이슬란드 아쿠레이리의 아이라르
랜드 농장에서 발견된 조그만 청동, 6.4cm 높
이, 해머를 쥔 토르, 레이카빅 국립박물관

호소한 것으로 간주한다.

　신의 어휘가 토르를 의미하는 몇 증명이 있다. 아이슬란드 정착 시기, 이교도 법에 관한 마뉴스크립 설명에서 맹세는 프레이, 노르드 그리고 이 위대한 신을 입증함이다. 토르의 보호 역할은 스노레의 시 에다에 지배적이다. 신들은 토르가 없이는 취약하며, 이것은 토르가 사랑하는 해머가 없어 더 취약할 때조차이다.

　탐색에 관한 에다 시에서 오딘의 지혜는 엄숙으로 무거우나, 토르는 그의 잃어버린 해머를 다시 찾는 여행에 유쾌한 희극이다. 신들의 적으로서 거인들이 훔친 토르의 해머는 오직 프레야가 거인

영국 쿰브리아 고스포스 교회에 발견한 돌 파편, 해머를 쥔 토르가 거인 히미르와 동행하여 세계의 뱀을 낚는 장면

스웨덴 알투나의 기념비, 배를 탄 토르는 그의 도끼머리에 미끼를 문 세계의 뱀을 세게 끌어올림

들 왕의 신부로 데려올 때 돌려줄 수 있다.

토르의 인기성은 여러 방면에 나타난다. 바이킹은 이 이름을 해외 식민지로 가져가서 그들의 새 정착지의 장소 이름으로 빛냈다. 아이슬란드는 토르의 이름이 담긴 여러 항구를 가지며, 한편 노르웨이 남성은 토르본, 토르센 등등 토르의 이름을 가진다.

토르의 전설을 기억함은 전투를 새긴 돌로, 그는 해머를 돌려 거인의 투쟁에서 이긴 위대한 영웅이다. 뱀 미드가르드와 여러 번 만났고 세계의 끝인 신들의 최후 심판에서 뱀을 죽임이다. 에다에서 토르는 그의 낚시 갈고리에 미끼로 뱀을 잡아 거의 육지에 끌어오는 데 성공하였으나, 거인 히미르의 배반으로 좌절되었다. 이 인기 전설은 스웨덴의 알투나(Altuna)와 멀리 잉글랜드 고스포스까지 새긴 돌에 나타났다.

토르는 기독교 전도 사업의 긴 시기 동안 이교도에 여전히 중요

10세기 스웨덴 스코네에서 만든 스타일 화한 은 토르 해머 부적

스카니아의 카바라에서 온 모델로 여러 상징이 토르 신과 연결, 쏘아보는 눈, 독수리 부리, 스타일화한 수염이며, 커브진 패턴은 세계의 뱀을 회상

하며, 해머 멀르너는 기독교 십자처럼 통합의 상징으로 긍정적 특성을 보였다. 스웨덴의 해머 펜던트와 덴마크 초기 스코네의 것은 선조 제공이나, 덴마크가 기독교화되었을 때 십자 같은 테크닉을 사용하였다.

스칸디나비아 원주민 사미의 천둥 신 호라갈레스(Horagalles)

　사미에게 특수한 신들의 하나는 천둥을 인격화한 천둥 신으로, 전 사미 지역에 발생하는 자연 현상에 기인한다. 자연의 비옥에도 역시 참여하는 천둥 신은 강하고 난폭하며 날씨를 통제한다. 남쪽에서는 "옛 천둥"으로 해석, 사미 종교에 사용되는 드럼에서 태양의 왼쪽 광선에 배치되었다. 북쪽 지역에서 사미어로 "티에르메스(Tiermes)"로 불리며 드럼의 위 영역 신들 아래이다.

　천둥 신은 단순하고 개략적인 인간으로 재현되고, 보통 한 손에 이중 해머, 십자 해머를, 다른 손에 도끼, 해머, 막대 같은 것을 쥔다. 종종 천둥 신 머리 위에 영광을 뜻하는 모습도 있으며, 그의 옆이나 광선 하부의 상응하는 곳에 그의 순록이 자주 보인다. 또 옆의 작은 인간은 그의 보조자나 하인이다.

　리엔(1671)은 양손에 한 해머와 그 옆에 작은 모습에 "토르(Thor)"와 "하인"이라 칭하였다. 란둘프(1723)에 의하면, 중요한 우상 신들의 하나를 "호라(Hora) 갈레스(Galles)"로 고대 노르웨이에서 이교도신 토르이다. 한 손에 해

티에르메스에게 바치는 제물 제식

머를 다른 손에 십자 해머를 가진 이 우상은 특별히 숭배되었다. 천둥 칠 때, 그는 한 손의 해머로 자신뿐 아니라 순록을 해치지 않으려 천둥과 번개를 되돌려보냈다. 그를 화나게 한 자들에게 천둥과 번개를 원할 때는 다른 손의 해머로 천둥과 번개를 불러왔다. 호라갈레스는 사악한 데몬이며, 그의 두 해머를 바람 신 비에그올마이의 두 삽으로 비교하였다.

이 두 속성에 올릭(1905)은 두 해머나 해머 한 쌍의 아이디어는 바이킹 시대 토르 이미지를 실은 에다 신화와 낯설다. 그러나 주어진 모델로서 토르의 해머를 고려하며, 사미가 호라갈레스에 제물 종류를 설명하고자 이중 해머를 시도하였다. 프리스(1871)는 "천둥 신의 개" 모습을 보존한 드럼이 없고, 개 모습의 위치에 순록이 제물이나 천둥 신의 순록으로 나타난다.

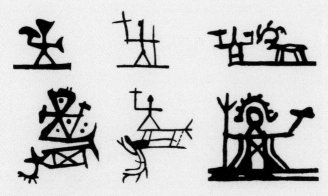

천둥 신 호라갈레스, 티에르메스

비옥, 생식의 신 프레이와 프레야

프레이, 여동생 프레야, 그들 아버지 노르드는 생식과 번성에 관련된 바니르 신이다. 그들 이름이 담긴 장소들은 제시하기를 숭배는 스웨덴에서 강하였고 특히 프레이를 숭배한 개인에 관한 많은 아이슬란드 문학이 있다. 아이슬란드 첫 정착자들의 한 이야기는 눈이 무덤에 내리지 않았는데 프레이는 죽은 자를 좋아해서 무덤에 서리를 허락지 않았다. 비, 태양, 논, 밭 과일을 다스리는 신이라, 사람들은 그에게 훌륭한 수확, 평화, 번성을 위해 빌었다.

옛 웁살라 신전의 잔재들에도, 신들의 이미지를 확신하는 모습은 11세기경 쇠더만란드의 렐링게(Rällinge) 조각이다. 프레이는 통

렐링게에 발견한 약 3인치 청동, 발기된 성기를 쥔 남성은 아마 비옥, 출생을 상징하는 프레이, 국립역사박물관, 스톡홀름

한 여성이 꼰 머리를 쥐는 6cm 브로치로 여신 프레야 혹은 말 탄 발키리

107

나무에 새긴 큰 모습으로, 그의 수염을 꽉 잡고 큰 둥근 눈들로 앞을 응시한다. 그의 팽팽한 성기는 자연의 비옥을 상징한다. 한 아이슬란드 시는 한때 프레이가 그의 집에서 아주 멀리 떨어진 거인 여성 게드를 보고 첫 번에 사랑에 빠짐을 알린다. 강렬한 응시로 그녀를 그의 신부로 끌어 달리려 모든 힘을 사용하였고, 그들의 결혼에서 스웨덴 웁살라 왕조가 탄생하여 프레이는 스베아의 특수한 희생 신이다.

여신 프레야의 경우, 남자들은 사랑을 찾는 행운을 위해 그녀에게 기도한다. 게르만어로 프라우(Frau, 노르웨이어 Fru)는 여성 존칭으로 프레야 이름에서 유래한다. 오드와 결혼, 그가 긴 여행을 떠났을 때 황금의 눈물을 흘리나, 그녀도 종종 고양이들이 끄는 마차로 여행하면서 마르돌, 헌, 게벤, 시르의 다른 이름을 사용한다.

프레야는 번식, 생식 여신이나 죽음과도 연결되어 전쟁에서 쓰러진 모든 전사의 반을 차지한다. 대장장이 기술을 가진 난쟁이들은 그녀에게 브리싱가멘(Brisingamen) 쥬얼리를 만들어 주어, 에다 시 『The Lady of Thrym』[5]에 토르가 프레야처럼 보이게 옷을 입었다.

> 그리고서 그들은 신부 베일로 토르를 감쌌다.
> 브리싱 네크레스를 그에게 걸며,
> 열쇠 다발로 그의 허리를 묶으며

---

5 They busked Thor then in a bridal veil,
  Hung about him the Brising Necklace,
  Bound to his waist a bunch of keys,
  Hid his legs in a long dress,
  Broad brooches to his breast pinned,
  With a neat cap covered his locks.

긴 드레스로 그의 다리를 감추며
그의 가슴에 넓은 브로치를 꼽았다.
그의 자물쇠를 덮은 깔끔한 캡으로

시는 설명하기를, 브리싱가멘은 우아하고 넓은 브로치로 모든 여성이 가장 숭배하는 프레야에 바쳤다. 왜 동물 장식 브로치가 프레야의 제식과 관련되는지는 모르나, 호박 구술은 "프레야의 눈물"로 호박은 발트 해의 화석이다. 그녀를 종종 마르돌로 칭함은 "바다 열매"를 의미한다.

자연을 통한 프레야 상징으로 프레야의 머리(polygala vulgaris)와 북유럽의 익은 호밀

발키리

오딘의 메시지를 전하는 처녀 발키리는 프레야가 오딘과 함께 전투의 전리품을 받는 점에서 연결된다. 전쟁 신을 시중드는 맹렬한 영혼으로 피, 대학살을 좋아하고 전투장에서 죽은 자를 들어 삼킨다. 바이킹 시기에 이르러, 발키리는 더 위엄 있는 인물로 발전, 무장한 공주로 말을 달린다. 그녀는 발할라에 죽은 왕족 전사들을 안내해서 벌꿀 술이 담긴 뿔로 환영한다. 이 장면은 고트란드 룬스톤에서 자주 나타나며, 어떤 룬스톤에서 한 여성이 전투 위로 창을 가지고 날아간다.

고트란드, 스텐카르카의 릴베르스 룬스톤(일부)으로 말 탄 자와 발키리를 만남, 크기 86cm, 컬러는 현대에 칠함

전쟁에서 죽은 자들을 이들에게 반으로 분배하는 발키리는 "죽

은 전사의 선택자" 이름으로 문학은 그들을 낭만화시켰다. 10세기 사가 『에이릭스몰(Eiriksmál)』은 발키리가 술로 전사들을 환영하며, 그들 직업이 조각들과 은 뿔술잔을 지닌 여성 부적에도 보였다. 발키리의 우아한 헤어스타일은 매듭같이 묶은 말총머리로, 매듭은 오딘과 함께 매장에도 나타났다.

발키리는 전설적 영웅들의 공훈에 관한 스토리와 시들에 큰 부분을 차지한다. 종종 그녀는 거인 키에 강한 초자연적 인물로 위험 상태의 영웅을 나른다. 이 보호 영혼은 오딘을 숭배하는 왕과 왕자들에 부착, 그들을 전투에서 돕고 조언하고 행운을 가져다준다. 발키리는 그들이 전투에서 사망하면 그들을 남편으로 맞는다. 덴마크 역사가 삭소 그라마티쿠스(c.1150~c.1220)는 기록하기를, 발키리 모습은 변하여 무서운 인물로 혹은 아름다운 처녀로 전사에 사랑을 제공한다.

가장 유명한 발키리 브린힐드는 시구르드 스토리의 여주인공이다. 그녀는 오딘의 명령에 감히 불복종하고 신이 죽음을 선고한 왕에게 승리를 가져다주었다. 처벌로 오딘은 그녀를 불로 싸인 벽에 가두었고, 오딘의 선물인 시구르드의 훌륭한 말 그라니가 불길에 들어가 그녀를 깨울 때까지 마술에 걸려 잠자고 있었다. 이것은 비극의 스토리를 낳았으며, 브린힐드의 이중 역할은 초자연적 발키리와 인간 공주였다.

영웅 시구르드

헤르만 헨드릭이 그린 「시구르드와 파프니르」, 1906년

　발키리의 변형은 낭만화 과정의 일부로 죽음의 영웅과 관여된 여성으로 시작된다. 시구르드(Sigurd Fafnesbane) 전설은 훌륭한 예로 그가 약혼한 브린힐드이다. 초인간 지위의 영웅으로 그를 둘러싼 전설들은 역사 시대 이전과 신들의 이야기를 혼합한다. 그의 인기는 에다 시의 거의 반이 신들의 신화이며 나머지는 시구르드의 이야기이다. 룬스톤과 스테브 교회 문 조각은 시구르드와 용의 투쟁으로, 시구르드, 용 파프니르, 말 그레빈, 대장장이 레긴을 새겼다.

스웨덴 람순드 룬스톤에서 묘사된 시구르드 일화

12세기 노르웨이 세테스달의 힐레스타드 교회 입구 문에 묘사
된 시구르드 전설, 그는 칼 그람으로 레긴을 죽임

그 외의 이교도 신

발데르는 원래 바니르 신이나, 허니르와 교환하면서 에시르 신이 되었고 신들의 경쟁에 평화를 가져온다. 프리그는 오딘의 아내로 에시르 여성 신에서 최고 직위이다. 미래를 볼 수 있고 그녀 비전을 간직한다. 오딘처럼 현명하며 그녀 집은 펜살레이다. 브라게는 현명하고 문장의 대가로 시 예술에 숙달하다. 신들이 젊어지기 위해 먹는 사과를 다스리는 이둔과 결혼하였다.

하임달은 아홉 소녀의 아들로 오스가르드와 미드가르드를 연결하는 무지개에서 살며, 다리를 감독, 외부 공격에서 에시르 신을 보호한다. 먼 거리를 볼 수 있고 그의 시력은 밤에도 날카롭다. 그의 청각은 잔디와 양털이 자라는 것을 들을 수 있다.

조용한 비다르는 토르 다음에 강하며 모든 신을 돕는다. 보레는 오딘과 린드의 아들로 용감한 전사이며 화살 쏘기에 전문이다. 울은 토르의 의붓아들로 활의 명수이며 스키어이며 맨투맨의 경쟁에 그의 도움을 찾는 것은 현명하다.

포르세테는 발데르와 난나의 아들로 모든 분쟁을 해결한다. 그의 집은 오스가르드에 법정으로 알려진 그리티르이다. 맹인 호드는 신들이 자랑하지 않는 모습으로, 오딘의 아들 발데르를 쏜 잘못은 아무도 잊을 수 없다.

거인 로키는 신과 인간의 부끄러움이며 어리석음과 교활을 대표한다. 아버지는 거인이나, 에시르 가족에 속한다. 오딘은 로키의 세 자식인 늑대 펜니르, 뱀 미드가르드 그리고 헬을 뺏어와, 뱀을 바닷속으로 던져, 그 몸은 세계로 둘러쌌다. 헬은 아홉 세계를 다스리는 지하세계 니브하임에 보내져 병과 늙어서 죽은 자는 그녀에게 간다. 오딘은 오직 펜니르를 간직, 그에게 먹이를 줄 용감한 티가 있기 때문이다. 펜니르는 고양이 발톱, 여자 수염, 암석 뿌리, 곰 힘줄, 물고기 호흡, 새의 침으로 주조한 고리로 묶었다. 오딘은 장담하기를 펜니르는 교활하나 악이 없다. 이것을 증명하려 티는 펜니르 입에 그의 손을 넣었고 그것이 티가 손을 잃은 이유이다.

덴마크 유트란드 스납툰 바닷가 돌에 새긴 수염 달린 얼굴은 로키로 그의 입술 꿰맴은 시합에 잃은 처벌, 시기 미상, 오르후스 모에스고드 박물관

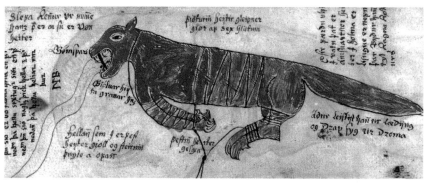

17세기 마뉴스크립 일러스트레션에 묶인 펜니르, 그의 턱에서 흐르는 강

티는 신 중에 가장 용감하고 대담하다. 전쟁 결과를 결정할 수 있고, 전쟁을 준비하는 자는 그의 이름을 호출한다. 한 사람이 티처럼 용감하다고 할 때 그는 모든 용감성을 능가한 자이다. 티처럼 현명함의 표현은 그가 누구보다도 더 현명하다.

신성한 말

노르웨이의 최초 기독교법에 따르면 토요일에 고기 식용은 엄격히 금지되었고, 평일에는 말고기가 아닌 이상 가능하였다. 법을 어기는 자에게 형벌은 엄하였고, 10마리의 암소 가격과 평등한 벌금이었다. 금식 동안 말고기 식용자들은 그들의 모든 소유물을 잃을 위험과 심지어 법률의 보호를 박탈당하였다.

이교도 시기의 제식 축제를 설명한 사가에 의하면, 노르웨이 라데의 귀족 시구르드는 왕을 대신하여 트론드라겐에 희생 축제를 마련하였다. 사람들은 그들의 음식과 음료를 가져왔으나, 맥주가 봉사되기를 기대하였다. 음식에서 말고기는 특히 중요하다. 첫째 희생용의 말은 도살당하고 그 피는 신의 이미지들, 그곳에 모인 사람들, 그리고 홀의 벽들에 뿌려졌다. 말고기는 홀 중간에 놓여 있는 열린 난로에서 삶아졌고, 귀족이 그것을 축복한 후 식용되었다. 또 귀족은 불 주위로 맥주를 가져와 전쟁에서 왕의 힘과 권력을 위해 오딘 신에 건배하였다. 다른 건배는 평화와 훌륭한 수확을 위해 노르드와 프레이였다.

라데에서 열린 다른 축제로 이번에는 왕 혹콘(Håkon the Good, c.920~961)이 참석하였다. 왕은 잉글랜드에서 왕 아텔스탄과 함께 머무는 동안 기독교인이 되어 메뉴에 고민하였다. 그는 십자의 사인으로 맥주를 축복하고 마셨으나 말고기를 거절하였다. 사람들은 왕에게 고기 국물을 설득, 냄비 끝의 약간의 지방에도 여전히 왕은 거절하였다. 제식 음식에 그의 질색은 거기 참석한 많은 사람을 화나게 하였고 폭력으로 축제는 끝날 것 같았다. 마침내 왕은 김으로 흠뻑 젖은 냄비 핸들에 그의 벌린 입을 유지하는 데 동의하였다. 그는 리넨 천으로 그 핸들을 감싸기 주장하였고 이 사실은 심히 불쾌한 것으로 보고되었다.

실제 공동체의 봉납에 참여한 성스러운 제식 음식은 영적 교섭 (Communion)으로 기독교에서 그리스도의 피와 몸이다. 따라서 교회가 이교도 희생 축제를 끝내려면, 말고기 식용을 멈추어야 하였고, 이것이 초기 기독교법의 엄격한 이유이다.

맥주는 기독교 소개 후에도 여전히 제식 음료였다. 특히 중요한 행진 제식(Rites of Passage) 축하에 마셨는데, 어린이가 침례받거나, 가족들이 결혼 조건에 동의하거나 장례식이었다. 나중, 나무 술잔(맥주사발)은 신부가 될 여성에게 주어진 남자의 약혼 선물이 되었다. 술잔은 종종 말 머리 형태와 핸들을 가진 민속품으로, 사람들은 여전히 말이 비옥한 결혼을 확신하는 수단으로 믿었던 것 같다. 사가는 전하기를, 말은 큰 대중 제식에 특수 부분을 담당하였고 개인 농장에서는 비옥을 위한 제식용이었다.

아우구스트 말름스터림이 그린 「기독교 이전의 축제」, 1901년 이전

북구 신화에서 말은 현저한 역할을 한다. 중요한 신 에시르와 바니르는 그들 특수한 말을 가졌다. 오딘의 슬라이프니르는 공기와 물을 통해 임신하여, 일부는 신이고 일부는 거인으로 로키와 거인 종마에서 난 아들이다. 프레이의 말도 초자연적 힘을 소유, 맹렬한 불길을 통해 달린다.

말은 자연의 거대한 힘과도 연관된다. 달의 여형제 태양은 두 마리의 이륜 전차로 하늘을 가로지르며, 밤과 그의 아들 낮은 각자의 말을 가진다. 림팍세는 밤에 달리는 말로 매일 아침 땅이 이슬로 덮인 것은 그의 재갈 거품이다.

오딘의 말로 여덟 다리의 슬라이프니르

말은 많은 바이킹 무덤에서 나타난다. 말이 친구처럼 생각, 내세에 그의 소유자를 따른 이유이다. 매장 전 말 목을 베어 말 머리는 매장되고 나머지는 장례 희생 축제에 식용한다. 오세베르그 배에는 15마리의 말 머리, 이것과 관련된 대상물, 재갈, 마구 굴레, 마구 안장 등을 매장하여 이들은 제식 실행에 사용된 것 같다.

기독교의 도착과 발전

바이킹 시대의
탄생과 업적

—

FOUR

기
독
교　개
　　종

기독교의 도착과 발전

스칸디나비아 중세기(c.1050~1520)는 이교도 종교에서 기독교로 바꾼 때로 바이킹 약탈의 종말이다. 바이킹은 여러 방법으로 기독교와 연락하였다. 교회와 승원들을 약탈하여 십자나 성배 같은 예술품을 전리품으로 가져와 보통의 금속 가치로 녹였고, 몇 훌륭한 대상물은 기념품으로써 사용하였다. 서유럽 약탈에서 많은 기독교인이 노예로 포획되어, 덴마크 초기 전도는 기독교 포로를 위로하는 일이었다.

그러나 기독교 노예의 현존보다 더 큰 영향은 기독교 무역인과 접촉이었다. 바이킹은 로마와 비잔틴 제국에서 기독교 상인과 평화로운 거래를 하려면 십자 마크(prima signation)를 얻어야 하는데 이것은 기독교인을 개시하는 첫 의식이다. 또 바랑기언 바이킹 친위대가 기독교 통치자의 군대에 봉사하려면 종종 임시 침례식이 필요하였다. 마침내 기독교 선교사들이 스칸디나비아에 도착, 11세기 대부분이 형식적으로 개종하였고, 거의 12세기까지 스웨덴은 간헐적으로 이교도로 남았다.

유럽에서 널리 사용된 기독교 마뉴스크립 기록들은 스칸디나비아 사회의 이해에 도움이 된다. 석공의 소개와 교회, 국가, 귀족 제도의 안정으로 물질문화는 땅 아래는 물론 땅 위에도 남게 되었다. 라틴어로 적힌 문서들은 드물지만, 약 1100년 기독교 매장 풍습이 소개되면서 기념비 룬스톤을 세우는 전통과 동시에 무덤 대상물도 사라졌다.

스칸디나비아에 첫 성공적 선교사는 독일인 상 안스가(St. Ansgar, 801~865)이다. 829년 스웨덴 스베아 왕의 사자들은 프랑크 왕 루이를 방문, 스베아의 많은 사람이 기독교로 개종하기를 원함으로 그들 왕은 기독교 선교 활동을 허락한다고 알렸다. 이미 덴마크에 정착하였고 나중 함부르크-브레멘의 대주교로 승진한 안스가가 스베아로 보내졌다. 그는 비르카에 도착, 복음을 전도하려 스베아 왕의 허가를 받았다. 안스가의 자서전은 많은 스베아인이 개종, 도시 행정관도 포함됨을 알린다.

그러나 몇 년 후 그가 고향으로 돌아와 함부르크-브레멘 대주교로 임명되었을 때 스베아는 폭동(847, 854)으로 선교활동이 정지되었다. 안스가는 낙담치 않고 프랑크 왕이 스베아 왕에 보내는 개인 편지를 가지고 비르카로 돌아갔다. 스베아의 새로운 왕 올레브는 그

스칸디나비아 첫 선교사이며 나중 함부르크-브레멘의 주교가 된 성 안스가

의 선임자보다 더 조심스러워 안스가의 설교를 허락하기 전 처음
으로 도시 집회와 상의하였다. 차츰 비르카에 기독교 모임이 설립
되며 한 교회가 세워졌다. 집회의 생존 기간은 확실치 않으나 함부
르크-브레멘 대주교 운니(919~936)가 비르카에 와서 사망하였으며,
그의 계승자는 헤데비, 리베, 오르후스에 주교들을 임명하였다.

   이교도의 지배에도 10세기 중반, 비르카의 매장들에서 한 여성
이 가슴에 십자 펜던트를 달며 일상품과 묻혔다. 펜던트는 십자에
못 박힌 그리스도의 옆모습으로, 처음 알려진 기독교 상징이며, 스
칸디나비아 기술의 은도금으로 처리되었다. 다른 무덤은 남, 여성
으로, 여기서 나타난 토르의 해머는 남성, 십자는 여성의 소유품에
속한다. 전형적으로 여성은 기독교 메시지에 관심 가지는 첫 사람
으로, 키에브 공주 올가는 950년 침례를 받았고 이것은 루스가 공
식으로 기독교국이 되기 30년 전이었다.

   스칸디나비아의 이교도 믿음과 기독교 개종은 종교 충돌을 다루

바이킹 네크레스에 달린 십자

9세기 조그만 십자는 비르카의 여성 무
덤에서 발견. 북구 스타일로 스웨덴의
그리스도 표현 중 가장 오래된 것

는 이데올로기에 새 접근이었다. 전통적으로 개종은 왕족 지휘 아래 이루어졌다. 덴마크가 처음으로 왕 하랄드 불루투스는 국가를 기독교화한 자부심을 엘링의 돌 이미지에 표현하였다.

948년 헤데비, 리베, 오르후스에서 함부르크-브레멘에 보내진 독일 전도 주교들이 이미 있음에도, 대주교구가 신앙 목적으로 세워졌고 11세기 초 오덴세와 로실데에 주교들이 생겼다. 차츰 개종 숫자의 증가로 1104년 첫 덴마크인이 대주교로 임명되면서 그의 주교권을 룬드로 옮겼다.

스칸디나비아 교회는 함부르크-브레멘 관할에 벗어나며, 안스가는 헤데비에 교회를 세웠다. 헤데비 무덤들은 비르카의 것들에 비해 빈약하며, 덴마크 이교도 무덤들이 노르웨이와 스웨덴보다 덜 적은 매장물을 가짐은 기독교 영향이 더 강함을 뜻한다. 기독교 대상물로 디스크 브로치는 금도금의 단순한 십자이다.

불 위에 자기 손을 놓고 오래 견딘 승려 포포의 믿음을 본 후에 침례받는 왕 하랄드 불루투스로 엘링의 한 교회 제단에 나타남

쿠름순 디스크 한 면에 하랄드의 침례를 언급

하랄드는 11세기 기독교 개종 후 옐링의 이교도 성역에 룬스톤을 세웠으며, 십자를 이교도 전통에 따라
묘사

노르웨이 첫 기독교 왕 혹콘은 영국에서 성장한 통치자로 국민
을 기독교로 개종하려 시도하였으나, 그의 죽음 전인 960년에 이
교도의 재발한 저항을 만났다. 노르웨이 개종은 왕 올라브 트리그
바손(Olav Tryggvason, 통치 960~995)과 왕 올라브 하랄드손(Olav Haraldson, 통치

1300년도 초반 니다로스의 제단에 묘사된 스티클레스타드 마지막 전투에서
왕 올라브의 죽음

1014~1030)에 성취, 그들은 설득보다 무력을 사용하였다.

　트리그바손은 기독교인으로 왕위에 올랐으며 짧은 통치 기간
에 노르웨이, 오르크니, 파로에, 아이슬란드, 그린란드를 개종시켰
다. 이 업적 완성은 하랄드손으로 트론하임에서 발견된 선조 세공
장식의 십자가 증명한다. 그는 1030년 스티클레스타드 전투(Battle of
Stiklestad)에서 사망하였다. 그의 기독교 열망은 죽음 후 일어난 기적
들로 일 년 만에 그의 시체는 신전에 모시고 성화 되었다. 성 올라
브는 스칸디나비아 후원 성인들의 첫 예이다. 노르웨이를 개종하려
는 그의 노력은 국가의 유일한 통치자가 되려는 그의 야망과 밀접
하다.

　아이슬란드의 경우, 기독교 전도 활동은 980년경 토라발드로 이

루어졌다. 영국 제도에서 개종하였던 초기 정착자 기독교인들이 있었지만, 처음으로 아이슬란드에 선교사를 보낸 후, 느린 개종 과정을 위협한 노르웨이 왕 트리그바손 시대까지 결과가 없었다. 이 문제로 내전이 일어나, 법적 질서와 평화를 보존하려는 타협이 제시되었다. 국가 개종은 999년 법적으로 아이슬란드 국회에서 제정, 모든 아이슬란드인은 침례를 받아야 하였으나, 이교도의 자유도 보장되었다. 비밀로 이교도 희생이 허락되고 새로 태어난 아기를 노출하는 습관과 말고기 식용에 변화가 없었다.

아이슬란드에 기독교를 설교, 가르치는 다수의 전도 구교가 이루어지면서 사제직 준비와 교회 건축이 일어났다. 이스라이프는 1056년 첫 성직에 임명, 그의 주교권을 가족 토지에 두며 아들 기주로 계승되었다. 그들이 사용한 지팡이는 우르네스 스타일의 동물 머리로 장식되어, 노르웨이 예술 장식의 영향을 볼 수 있다.

스웨덴 우르판드 노라의 암석 새김은 중심에 십자와 우르네스 스타일 동물–뱀의 싸움을 모티브, 뱀은 한 짐승 주위로 8자 고리를 형성

그린란드의 최초 교회는 11세기 초 에릭의 스레트 농장으로 그의 부인 쵸드힐드가 세웠다. 아들 라이프는 왕 트리그바손 방문의 그린란드 방문 때 개종하였다. 사가는 기록하기를, 아버지 에릭은 개종에 느리나, 어머니는 즉시 설득되어 집 가까운 곳에 교회를 짓고 거기서 다른 기독교인들과 기도하였다. 교회는 잔디로 지은 둥근 벽에 조그만 채플로 그린란드에서 나무는 아주 드물다. 스칸디나비아 최초 교회는 나무가 재료이며, 약 1080년 스웨덴 룬드에 지은 교회는 돌로 로마네스크 건축의 유럽 전통을 따랐다.

스웨덴은 1000년경 왕 올로브 스커트코눙(Olov Skötkonung, 980~1022)이 배스터고트란드에서 영국 선교사에 의해 침례받았다. 이 행동은 국가를 현대화하려는 계획 일부이며, 다른 예는 새로 설립한 멜라렌 호수의 시그투나에 동전 제조이다. 더하여 사회 최고층은 수천 개의 룬스톤을 세워, 우프란드 룬스톤은 십자로 죽은 기독교도들을 기념하였다. 주교가 배스터고트란드의 스카라, 그 후 시그투나에 세워지며, 12세기 기독교는 승리하였지만, 그 과정은 길고 방해로, 이교도는 고립된 숲 지역에 살아남았다.

언급하였듯이, 스칸디나비아 교회는 1104년 스코네 지방의 룬드를 대주교로 임명함으로써 함부르크-브레멘의 통치에서 벗어났다. 약 1130년 우프란드의 주교가 시그투나에서 움살라로 옮겨, 1164년 움살라는 대주교가 되었다. 스웨덴의 교회 설립은 기독교 세계의 최고 권력으로 인정된 시기와 일치하였다. 교황의 사자들은 교회법을 돌보고, 과세가 모든 국가에 소개되었다. 12세기 교회 건설이 남, 서스웨덴으로 당시 유럽의 인기였던 로마네스크 스타일이었고 바이킹 예술 전통은 같은 세기의 첫 중반에 사라졌다. 초기 선교사들은 교회 건설에 관심 가져, 기독교 첫 세대는 자기의 땅에 가족용의 조그만 교회를 세웠다. 왕 스벤(Sven, 1047~1076)이 룬드에 교회를 세웠을 때 스코네 지방에 이미 300개 교회가 있었다.

북아이슬란드의 프라타퉁가 농장 패널은 재사용 후 1897년 박물관에 옮겨졌다. 바이킹 링게리케 예술을 대표하는 잎 오너멘트는 11세기 중순으로, 이 패널이 집 교회를 위해 새겼다면 스칸디나비아에서 살아남은 교회 장식의 첫 예가 된다. 노르웨이의 첫 교회 우르네스는 덴마크, 스웨덴, 노르웨이, 영국에서 알려진 표준으로 세워졌다.

이교도와 기독교의 오랜 공존은 혼합 신앙을 불러왔다. 헤데비와 비르카의 혼합 공동체를 수용하려, 금속 공예인들은 여러 스타일의 펜던트를 생산하였다. 기독교 영향은 이교도 매장 관행에도 점차적 변화를 가져와, 화장은 포기되고 무덤 매장도 사라졌다. 죽은 기독교인을 기념하는 룬스톤은 무덤이 아니고 교회 무덤의 소개이다.

11세기 몇 지역 무덤에 서 있는 돌 상자 비석은 10세기 영국 북쪽에 바이킹 정착자와 앵글로-스칸디나비아인이 세운 비석이다. 이 단순한 모양의 석판은 기독교 무덤에 위치한다. 가장 훌륭한 돌 상자 비석은 스웨덴 고트란드의 아르드레(Ardre)로 11세기 후기, 우르네스 스타일이 시작되면서 룬 비문은 그 건설 과정을 설명, 즉 룬스톤을 세운 자는 리크날의 아들로 훌륭한 어머니 아릴킨을 기념한다.

스칸디나비아 무덤들에 기독교 대상물은 대부분 전리품이나 일부는 초기 선교 활동의 것도 있다. 8~9세기의 십자 펜던트, 지팡이, 유물함, 프리시아 혹은 타팅 주전자이다. 용기들은 은박으로 장식되어 와인을 담는 측정에 사용된 기독교 예배와 연관된다. 1858년 덴마크 맘멘에서 발굴된 10세기 무덤은 기독교 전환기로, 대상물은 게임판과 은 상감 세공의 도끼 외 무기 대신 큰 촛대이며 970년

아일랜드의 글랜다로우(위), 클론막노아즈(아래) 승원들은 바이킹 예술에 영향받음

경에 만든 것으로 옐링 왕조의 개종 5~10년 후이다.

초기 교회는 이교도 관행의 화장을 금지하였으나, 어떤 지역은 1150년까지 계속, 우프란드의 발스타 농장 묘의 대상물이 증명한다. 950년경 매장이 소개되며 12세기 중반까지 화장과 평행함에 따라 기독교 매장은 이교도 요소를 가진다. 무덤 대상물에 토르의 해머, 부적과 음식 봉납이나, 1100년경 셋째 무덤 그룹에서 기독교 상징물이다.

기독교 개종은 바이킹 시대(850~1050)의 끝을 알린다. 영국, 아일랜드, 노르망디, 러시아 정착자는 원주민 문화에 흡수하면서 그들의 유산을 개발시켜 조국에 중대한 변화를 일으켰다. 유럽 기독교 공

고트란드 아르드레 룬스톤에 나타난 이미지들

132

동체인 새 문화 반구로 접근하는 동시 중심화한 왕권이다. 스칸디나비아 기독교국 출생은 영국 제도의 역사에 영향을 끼치고 파로에와 아이슬란드에 정착을 이루었고 아메리카를 북유럽과 직접 연락하게 하였다.

룬 문자

룬스톤의 이미지와 비문

바이킹 시대의
탄생과 업적

—

FIVE

돌 기념비 룬스톤

룬 문자

고대 스칸디나비아는 2세기부터 자체의 문자들을 다른 게르만 민족처럼 사용하였다. 이들은 잉크나 양피지에 쓰는 것이 아니고 칼끝으로 나무에 적는 것으로 짧은 텍스트에 이상적이었다. 단어 "write"는 "날카로운 연장의 새김"이란 뜻으로 바이킹은 항상 칼을 착용, 글쓰기가 잘못되면 어디든지 쉽게 나뭇가지를 찾을 수 있었다. 바이킹이 사용한 알파벳은 루닉으로 각 글자는 룬(Rune)이다.

중세기 후기 스칸디나비아 출처는 룬 메시지들이 오래 보존되지 않아 초기 시대의 나무 대상물은 거의 적게 남아 있음을 알린다. 노르웨이 베르겐에서 룬으로 새긴 나무 조각들이 발견, 이들은 사업, 개인 혹은 정치에 관한 것으로, 아마 룬은 바이킹의 통신용으로 사용하였음을 제시한다.

룬 문자의 유래는 알려지지 않다. 바이킹 시대의 수 세기 전으로 로마 제국 가까운 곳으로 추정하는데 초기 비문의 많은 룬 문자가 로마 알파벳과 닮았기 때문이다. 그런데도 바이킹 자체의 특징을 가진다. 나무의 커브는 자르기 힘들어 피하였으며, 수평선을 나무

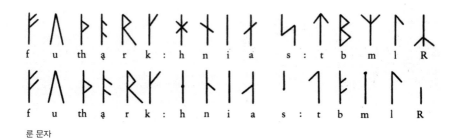

룬 문자

룬 Codex Funicus

조직에 따라 정렬하기 어려워, 최초의 룬은 나무 조직에 반대하여
잘린 수직선과 두드러진 경사선이다.

　룬 마스터들은 게르만족(앵글로-색슨, 프리시언, 대륙 게르만)과 다른 별
개의 알파벳을 개발하였다. 16문자로 첫 여섯 문자를 "풋하르크
(futhark)"라 부른다. 그러나 스칸디나비아조차 문자의 표준 형태가
없으며 여러 비문이 있다. 바이킹은 숫자를 가진 더 적은 혹은 지방

변형 룬의 두 타입을 사용하였다. 한 타입은 "보통 룬(Danish futhark)", 다른 것은 "짧은 가지의 룬(Swedo-Norwegian futhark)"이다.

따라서 쉽지 않은 룬 문자 새김에 그것의 의미 해석에도 분쟁이 일어났다. 차츰 룬 문자가 다른 재료에 사용되면서 영속성 있는 금속, 뼈, 돌에 비문을 남겼고, 조각가는 문자를 자르는데 다른 테크닉을 사용, 더는 나무 섬유 재료를 다루지 않아 그 조직 방향에 염려할 필요가 없었다. 돌 재료는 커브를 만들기 쉬웠고 다른 연장을 필요하였다. 금속은 칼자국을 내고, 긁고 혹은 구멍을 뚫었다.

우프란드 링스베르그 룬스톤은 습지 둑길을 표시하며, 울프릭을 기념하는 "who took two payments of geld in England" 룬이 새겨져 있음

영국 쿰브리아의 브라이드커크 세례 용기는 룬 비문의 한 라인을 가짐. 석공이 바닥 왼쪽 구석에 망치와 끌로 돌을 깨는 모습

바이킹 룬 문자는 기념비, 경계선 기둥, 다리와 도로 표지 돌, 소유자나 제작자의 마크 등등 심지어 마법 처방에도 사용하였다.

얼마나 많은 바이킹이 룬을 읽고 쓰는지, 어떻게 기술을 얻었는지 알 수 없다. 룬 마스터가 어떤 사람이며 어떻게 훈련받은 전문가인지, 얼마나 높이 간주한 지도 의문이다. 어떤 경우 룬 문자들은 페인트가 가해져, 주요 컬러는 레드, 브라운, 블루, 블랙이었고 문자의 전형적인 컬러는 레드이다.

1852년 런던 상 폴 교회 무덤에서 발견한 룬스톤은 바이킹 예술의 링게리케 스타일로 당시 페인트한 흔적을 보인다. 오리지널 컬러의 재건설

1852년 발견한 런던 상 폴 교회 무덤의 룬스톤에서 용 패턴은 크림 배경에 반대하여 다크 레드와 블랙으로 동물을, 몸체는 화이트 점들로 칠하였다. 룬도 컬러를 가진 것으로 가정하나 컬러된 것은 남아 있지 않다.

룬 비문은 세 이유로 중요하다. (1) 스칸디나비아 언어의 초기 단계를 기록하여 바이킹들이 이야기해 온 언어를 알린다. (2) 세계에 그들 분포는 바이킹이 방문하였던 지리학적 제시이다. (3) 그들 내용은 기록되지 않았던 바이킹 시대의 양면들을 보여주는데, 바이킹들이 어떻게 자신들을 반영하는 점이다.

10세기 나타난 돌 기념비 룬스톤(Runestone)은 죽은 자를 기념하는 새로운 수단으로, 스웨덴에 약 2,500개, 남스웨덴을 포함한 덴마크에 약 250개, 노르웨이에 약 65개가 있다. 중부 스웨덴의 우트란드에 발견된 1,300개 룬스톤의 60%는 11세기 후 그곳 주교 관구의 설립과 날짜를 같이한다. 반 이상이 십자로 장식되었고 약 200개는 "may God help his/her soul······ (하나님이 그/그녀의 영혼을 도우시길······)" 기도문이 적혀 있다. 그리고 여러 개의 룬스톤은 전체 지역의 개종을 의미한다.

1050년경, 첫 기독교 스웨덴 왕은 시그투나에 첫 주교를 세웠

링스베르그 룬스톤 240(왼쪽)과 룬스톤 294(오른쪽)는 바이킹 알리를 기념. "그는 영국에서 카눌으로부터 지불을 받았다."

141

고트란드의 함마르스 룬스톤. 위와 아래는 전투의 죽음과 내세로 여행하는 배를 상징. 중심은 두 그룹 전사들 만남으로 아마 발키리는 그들 사이에 위치, 그 아래는 나무에 매달린 전사로 오딘의 희생물이다. 꼬인 매듭은 신과 연관, 독수리는 오딘 제식. 높이 3~5m, 컬러는 현대에 가함. 국립역사박물관, 스톡홀름

고, 스웨덴 개종자 귀족과 부유한 농부들은 십자 형태의 룬스톤으로 그들 신앙을 전시하며 죽은 자와의 관계, 자신의 훌륭한 행위를 기념하였다. 다리 건설이 자주 언급되었고 룬스톤은 습지를 걸치는 둑길이나 여울을 개방하는 데 사용되었다.

초기 교회는 헌금이나 순례를 대신하여 다리 건설을 기독교의 은혜 제도로 사용하여 약 150개 룬스톤이 다리 가까이에 있다. 55%가 여성을 위한 것은 관심을 끈다. 건설자나 친척의 영혼에 이익되는 자선 행위의 룬스톤은 교회의 입장을 활발케 하여 승려들이 병자와 죽어가는 자의 방문을 쉽게 만들었다.

남아 있는 비문 중, 우프란드 센스에 돌 표면은 기록하기를, 리브스텐은 자신의 영혼 건강과 아들 요룬, 니클리스, 루딘을 위해 이 다리들을 만들었다. 에게비의 돌에는 라그랠브는 그의 훌륭한 아들 아눈드를 기념하려 이 다리를 세웠고 그가 당연히 받아야 하는 이상으로 하나님이 그의 영혼과 정신을 돕기를 바라는 문구가 적혀 있다.

스웨덴 기독교 전파의 증거인 비문들 외에도 11~12세기 초 매장에 발견된 은 십자도 이것을 지지한다. 고트란드와 얼란드의 십자에 못 박힌 그리스도로서 전자는 주조하여 조잡하며 후자는 섬세하게 칼자국을 내었다.

룬스톤의 날짜는 기독교의 긴 개종 과정을 강조한다. 9세기 안스가가 비르카에서 한 교회를 세웠다는 설에도, 고고학적으로 초기 교회는 10, 11세기에 속한다. 특히 10세기 영국의 초기 패턴에 따라 남쪽 스칸디나비아의 많은 지방 교회는 개인 토지에 채플을 지었다. 9세기 이교도 신앙은 배타적이지 않아 초기 왕들은 통치를 합법화하는 한 수단으로 기독교를 수용할 수 있었다.

바이킹 예술

오락과 무덤 배 오세베르그

브로아, 오세베르그(750-840) 스타일

보래(835-970) 스타일

옐링게(c.880~1000) 스타일

맘멘(950-1060) 스타일

링게리케(980-1080) 스타일

우르네스(1035-1150) 스타일

바이킹 예술: 다섯 스타일

바이킹 예술

━━━━━━

 바이킹 시대는 약탈, 무역, 정착으로 특징지으며, 서쪽은 아이슬란드에서 지브랄탈, 동쪽은 러시아와 비잔틴 제국까지 급속히 확장하였다. 이러한 바이킹의 활기와 생명력은 예술에도 표현되며, 대상물은 수 세기 전통으로 내려온 스타일화한 동물로 만들어졌다. 그리고 새 장식으로 서로 꽉 쥔 동물 형태의 그리핑 비스트(Gripping Beast) 출현은 외국에서 모티브를 받아들인 예술 충동을 의미한다.

 거의 모든 바이킹 예술은 응용예술로서 일상생활에 사용된 대상물이지만, 목공, 조각가, 금속 공예인들은 이 기발한 동물 장식의 풍부한 유산에 원동력과 창의성을 부여하였다.

 초기 바이킹 예술은 무덤에서 발견, 주로 쥬얼리와 무기이며 후기 바이킹 예술은 발전하는 도시의 은 매장 저장물에서 꺼낸 조그만 수공품과 룬 문자를 돌에 새긴 룬스톤이다. 예술품은 호박, 흑옥, 뼈 상아, 해마 상아 등 다른 재료에도 사용되었다. 나무새김은 스칸디나비아 공예인들의 솜씨와 동물 모티브가 바이킹 시대에 어떻게 그들 목적에 적합한지를 증명한다. 창의성과 기술 단계를 제시, 켈트(Celt) 금속 공예에 영향받았고 또 영향 주었다.

 현존하는 오세베르그의 동물 머리기둥과 우르네스 스테브 교회 장식은 바이킹 목공예의 최고 기술이다. 오세베르그 배에 매장된 한 여성처럼 부유한 후원자들은 그들의 배, 마차, 침대 뼈대에 장식할 여유를 가졌고, 몇 모티브는 오랫동안 다양한 형태로 사용되어 그리핑 비스트는 150년간 스칸디나비아 예술의 각인으로 남게 되었다.

 바이킹 예술은 관조적이고 표현적인 것보다 기능적이고 상징성을 띤다. 추상적 동물 형태인 뒤틀린 뱀과 짐승으로 그들 모양은 거의 인식할 수 없으며, 정교하고 자유롭게 장식되었다. 한 장소에서 다른 장소로 자주 이동하여 대부분 휴대품 예술로 뿔잔, 갑옷, 노, 칼, 고리 등 일상품이며, 은 브로치는 구술과 철사에 은으로 도금하였고 철도끼머리는 홈을 팜으로써 장식하였다. 다양한 장식 스타일이 쥬얼리에 사용되었지만, 재현적 예술은 새긴 돌, 타페스트리, 나무 조각에 더 나타난다.

바이킹의 관심은 또 시와 스토리텔링의 전통을 낳아, 서사시 사가를 출생시켰다. 최고 업적은 독창성과 유효성이 거의 예술로 승격한 긴 배의 디자인이다. 가볍고 빠른 기동성과 융통성으로 긴 배는 급히 해변에 정착, 이륙하고, 바람이나 노를 저어 항해한다. 따라서 바이킹 예술과 공예의 상상과 복잡함은 그들이 약탈자란 이미지와 대조를 이룬다.

바이킹 장식은 스타일로 6개 그룹으로 나뉜다:

- 브로아, 오세베그르(Broa, Oseberg, 750~840)
- 보래(Borre, 835~970)
- 옐링게(Jellinge, c.880~1000)
- 맘멘(Mammen, 950~1060)
- 링게리케(Ringerike, 980~1080)
- 우르네스(Urnes, 1030~1150)

세 주요 스타일은 옐링게, 링게리케, 우르네스이며, 연대적으로 이들은 중복되어 정확한 날짜를 알 수 없다. 특수한 스타일이 한 시기에 지속하였고, 새 스타일은 즉시 대치되지 않으며, 두 스타일이 공존하였다. 스칸디나비아 여러 지역 간의 빠른 소통으로 새 예술 스타일이 한곳에서 다른 곳으로 옮겨 쉽게 적용되었다.

스타일의 이름은 중요한 대상물이 발견된 장소에서 택하며, 이것의 대강 날짜는 종종 발견물에 적혀진 비문 혹은 동전들에서 추론된다. 바이킹 동물 예술은 5세기 이동 시기 후로부터 북유럽 게르만 예술에서 유래한다.

금으로 만든 시베리아 동물 스타일

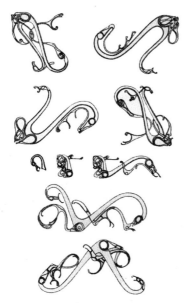

전형적인 북쪽 동물 장식

오락과 무덤 배 오세베르그

최초의 바이킹 예술은 이동 시대의 전통에서 계속되나, 예외적으로 높은 수준 예술은 오세베르그(Oseberg) 배와 그 매장물이다. 배는 1904년 노르웨이 오슬로 남쪽 80km 떨어진 베스트폴드 슬라겐 농장에서 발굴되었다. 815~820년 조립하였으며, 834년 사망한 바이킹 왕비를 위한 매장용 배로 바뀔 때까지 해안을 따라 항해한 왕궁 오락용 배였다.

바이킹이 자주 보트나 배에 그들의 죽은 자를 매장함을 언급하였는데 이것은 특히 해안 지역의 관행이다. 사회 엘리트 계급은 죽은 자가 그의 내세의 생활을 계속하려 장비가 잘 갖추어지기 원하였다. 또 배는 그들 지위의 중요한 상징이다. 왕비는 갑판 뒷부분에 위치한 한 방에 안치되었고, 그녀 옆에 하녀 소녀가 누워 있으며 손수레, 네 썰매, 직조기, 물통, 깃털 이불의 일상품도 함께 있다.

뱃머리와 선미의 기둥은 나선으로 끝맺으며 연결된 동물로 화려하게 새겨졌다. 바이킹은 용을 뱀 머리와 꼬리를 가진 큰 동물로 생각, 용은 그들에게 매우 큰 뱀이다. 그리고 동물은 둥근 머리, 부푼 눈, 들창코, 과장된 팔뚝과 허벅지, 어디서든지 꽉 쥔 앞발의 그리핑 비스트이다.

흥미로운 점은, 블루 컬러 진흙의 두꺼운 층과 토탄으로 세운 배 매장이 발굴될 때까지 나무, 가죽, 텍스타일을 훌륭하게 보존한 점이다. 금, 은 쥬얼리가 없음은 약탈 때문인 것 같다. 배는 참나무로 지었고 22m 길이, 5m 넓이에 12개 직진(strake)을 철못으로 안전하게 한 노 젓기 혹은 항해용이다. 항해는 최고 위 직진에 15개 노 구멍으로 30명 선원에 의해 노 젓거나 아니면 배 복판의 사각형 돛으

로 가능하다.

　오세베르그에 발견된 2개의 물통이 인상적이다. 놋쇠 장치의 "부다 물통"은 상록수로 만든 물통 끝에 홈을 가진 용기로 바닥은 나무 말뚝으로 박은 3개의 조각이다. 5개 동물 머리 기둥은 장식 썰매를 조각한 같은 공예인으로, 단풍나무로 다르게 새겨졌다. 방구

9세기 말 오세베르그 배의 대상물(왼쪽 사진 참고), 복원한 뱃머리, 약탈자들은 죽은 자의 공포와 증오에 의도적으로 파손, 조그만 마차는 종교 행진에 사용한 것으로 믿으며 마차 끝에는 인간이 뱀과 짐승들에 둘러싸임, 오슬로 비그더이 박물관

석에 그들의 위치는 아마 사악을 쫓는 마법이나 종교 행렬을 제시하는 것으로, 타페스트리에 묘사된 것과 같다. 3개 침대 뼈대와 파편들은 너도밤나무로 새겨진 동물 머리에 페인트를 가하였다. 3개 썰매는 특수한 경우에 사용되며 역시 장식이 새겨졌다.

마차는 너도밤나무로 Y모양의 참나무 프레임을 지탱하는 바퀴 축들로 재건되었다. 동물과 남성 머리의 모티브가 새겨졌는데, 바이킹 시대 마차에 적합한 도로가 없어 아마 종교 행진에 예식물인 것 같다. 두 텐트의 프레임은 물푸레나무로, 한 텐트는 5.30× 4.50m에 높이는 3.5m이다. 텐트 가장자리는 동물 머리 새김에 페인트로 장식되었다.

브로아, 오세베르그(750~840) 스타일

고트란드 브로아의 무덤 발견물과 오세베르그 배 매장 발견 후에 이름이 주어진 첫 스칸디나비아 동물 스타일이다. 오세베르그는 배, 마차, 썰매, 침대 뼈대, 텐트 프레임, 많은 숫자의 나무로 만든 장식품을 가진다. 이 스타일은 조그만 머리, 덩굴손의 유연한 동물로 지극히 스타일화되어 동물학적으로 그들을 파악하기 어렵다. 꽉 쥔 동물 그리핑 비스트는 진실한 바이킹 스타일 장식으로 밴달 시기의 전통이다. 현재 독립 스타일로 인정되지 않으며, 이것은 9세기 중반까지 사용되었다.

브로아 스타일

오세베르그 배(위), 썰매(아래) 장식에 나타난 동물 모티브

보래(835~970) 스타일

이 스타일은 노르웨이 베스트폴드 보래의 배 매장 발견물인 황동 굴레에서 유래한다. 브로아 스타일의 직접 자손으로, 오세베르그 스타일을 따랐고, 부분적으로 옐링게 스타일과 동시 존재한다. 835년경 나타났고 10세기 늦게까지 사용되었다. 바이킹 예술의 다른 스타일이 외부에서 영향받을 때 이 스타일은 완전히 스칸디나비아에서 창조되었다.

두 주요 모티브는 그리핑 비스트와 고리-체인(ring-chain)이 겸비한 스타일이다. 그리핑 비스트는 가면 같은 머리, 큰 부푼 눈과 돌출한 귀, 그들 몸체를 통해 밖을 내다보며, 사각 모습에 둘러싸인 고리와 함께 두 밴드가 대칭 체인으로 구성된다.

보래 금속 공예는 정교한 선조 세공의 철사를 모방하려 홈을 팠다. 종종 카롤링(Carolingian) 예술의 잎 모티브가 쥬얼리, 벨트 피팅,

스웨덴 보르비 매장의 은박 펜던트로 약 940년, 보래 스타일의 마스크 머리로 아치진 몸체 위로 정면을 쳐다보는 그리핑 비스트

옐링게 스타일의 동물 짝으로 옆모습의 머리, 변발, 리본 몸체에 꽉 쥔 갈고리 발로 두 스타일의 배합

목 세공에 사용되었다. 900~905년 매장에서 발굴한 곡스타드 배, 심지어 러시아의 쥬얼리에도 발견된다. 영국 쿰브리아 고스포스 돌 십자와, 만 제도 커크 미카엘에 가우트 본손(Gaut Bjornsson)의 룬스톤 도 보래 스타일로 섬 지역의 변형이다.

덴마크 호르네룬드 매장의 금 원반 브로치

옐링게(c.880~1000) 스타일

10세기 초 덴마크 유트란드 옐링의 왕족 무덤 매장에서 발견된 나무 조각들로 무거운 동물 디자인이다. 이들은 스타일화되었고 밴드 모양의 동물 몸체로 특징짓는다. 본래 덴마크 옐링의 대상물 복합체에 응용, 하랄드 불루투스의 룬스톤이나, 그 후 연구는 룬스톤을 맘멘 스타일로 분류한다.

옐링게 스타일은 자주 보래 스타일과 연대적으로 중복되는데, 오스터고트란드의 오데스혹에서 발굴된 브로치는 그 중심에 보래 스타일 인터레이스와 양편에 전형적인 옐링게 동물이다. 스타일 이름은 유트란드 옐링의 은컵에서 유래하며 옐링 룬스톤의 큰 짐승 (Great Beast) 변형으로, 아일랜드의 일류미네이트 마뉴스크립 패턴과 밀접한 관계를 맺는다.

크기 4.3cm로 유트란드 옐링의 북쪽 고분(958~959) 무덤의 대상물. 옐링 컵 주위는 흑금으로 도금, 리본—동물 쌍에서 옐링게 스타일로 이름 지어짐

이 스타일은 여전히 동물들을 가지나 그들은 더는 프레임 주변
이나 그들 자체가 서로 꽉 물지 않는다. 이중 윤곽선에 리본 모양의
몸체들은 보래 스타일에 따라 옆모습이며, 인제 머리들은 긴 머리
다발을 가지고 몸체들은 더 크고 평행 무늬로 가득하다. 역시 조그

영국 쿰브리아 고스포스   이르턴의 인터레이스 패턴

만 나선형 엉덩이에 위턱은 입술의 늘어진 부분으로 연장된다. 동물들은 S모양의 대칭으로 인터레이스 패턴을 만들려 서로 엉킨다.

영국 학자 콜링우드(Collingwood)는 옐링게 스타일을 "길고 동물 같은 파충류"라 묘사하였는데, 동물이 그 자체 꼬리들의 비꼬임 사이에 이중 윤곽선과 컬이 진 때문이다. 영국 요크셔 십자 시리즈에 변형된 형태로는 미들턴과 콜링함의 것들이다. 그러나 섬세한 리본 인터레스 위에 두꺼운 반죽 형태의 앵글로-색슨은 이 스타일을 완전히 이해 못 한 것 같다. 문자들 융합이 쿰버랜드 고스포스 교회 묘지의 2m 십자에서 볼 수 있으며, 쿰브리아 바이킹과 아일랜드의 밀접한 접촉을 제시한다. 장식은 아일랜드의 높은 십자에서 유래하나 구상적 장면에 보래와 옐링게 스타일 요소를 더 포함한다.

맘멘(950~1060) 스타일

유트란드 맘멘의 한 덴마크 바이킹 무덤에서 발견된 도끼머리의 디자인으로 이 스타일은 이름을 가진다. 이것은 몸체를 따라 길게 꼰 부속물에 스타일화된 동물이다. 옐링 돌의 사자처럼 실제의 동물 재현이 있고 처음으로 잎 모티브의 소개가 있다. 맘멘 동물은 옐링게 스타일에서 성장, 중복하여 이 두 개를 분리하기 힘들며, 전화시기의 것이다. 또 2세기 동안 유행하지 않아 옐링게와 다음에 나타날 링게리케 스타일 사이의 단계이다.

맘멘 동물은 프로포션에 더 크고 실제로 자연적 모습이다. 같은 주제에 강조된 형태로, 동물들은 나선형 대신에 각이 진 몸체를 완전히 덮었다. 덩굴손으로 더 큰 나선형 엉덩이를 가진 작은 공 같은 짐승을 청동에 상감 세공으로 처리한 디자인이다.

맘멘 스타일 이전에는 잎 혹은 덩굴손 패턴이 장식에 사용되지 않았고, 새로운 모티브들은 서부 유럽 영향으로 9~10세기 카롤링 예술에 널리 애호된 바인 스크롤과 아칸투스 잎이다. 만 제도의 커크 브라단에 토라이프가 세운 돌은 이 스타일의 초기 예로, 옐링게 리본 동물과 작은 공간을 가득 채운 맘멘 동물을 배합하였다. 유명한 두 캐스켓도 맘멘 스타일로 밤베르그(Bamberg) 상자는 현재 뮌헨 국립박물관에 소장되고, 캄민(Camin) 상자는 2차 대전에 파괴되어 사진으로 남아 있다. 둘 다 땅딸막한 캐스켓으로 지붕처럼 경사진 뚜껑에 청동 밴드로 접합된 상아와 뿔파넬로 만들어졌다. 이 파넬의 작은 공간은 동물과 덩굴손으로 가득 차고, 밴드들은 부푼 양각의 동물 머리들로 장식되었다.

유트란드 옐링 교회 무덤에 그레이트 스톤(Great Stone)은 왕 하롤드 불루투스가 그의 양친을 기념하려 세운 것으로, 맘멘 스타일의 가장 중요한 예이다. 비문은 983~985년 날짜를 알린다. 한 면에 낮은 렐리프 새김은 십자가 그리스도를 묘사, 서로 연결되는 고리와 원형으로 둘러싸여 있다. 스칸디나비아에 처음으로 날짜를 새긴 기념비이다. 뒷면에는 큰 문장을 가진 동물이 한 뱀과 엉킨다. 옐링 돌은 11세기 스칸디나비아에서 더 보편화된 기념비로 룬스톤 유행의 시작이다.

밤베르그 캐스캩

캄민 캐스캩

뱀을 가진 옐링 룬스톤

맘멘 무덤의 의식용 도끼머리로 약 970년. 꼭
대기에 쏘아보는 눈들의 얼굴과 수염은 천둥
신 토르. 검날에서 뱀은 토르와 연결. 바이킹 시
대 토르의 상징은 도끼와 해머

링게리케(980~1080) 스타일

링게리케 스타일은 10세기 후기 11세기의 바이킹 동물 스타일로 초기 맘멘 스타일에서 진화되었다. 노르웨이 오슬로 북쪽 링게리케의 동물과 잎 모티브를 가진 룬스톤 그룹에 이름이 유래, 사자, 새, 밴드 모양의 동물과 나선형이다. 바이킹 예술에 처음으로 여러 타입의 십자, 팔멧, 묶은 모티브가 가해졌다. 뱀과 싸우는 옐링 돌의 그레이트 비스트에 링게리케 스타일이 재현되어 사자 같은 동물은 계속 사용되었으나 그들은 긴 머리와 꼬리를 형성하는 덩굴손을 가진다.

맘멘 스타일과 두 가지 면에 틀린다. (1) 짧은 덩굴손이 규칙적으로 교차하는 덩굴손의 잎 패턴이 되었고, (2) 큰 기초 나선형이다. 부조화의 덩굴손은 동물들을 공격적으로 둘러싸는데, 오토니언과 앵글로-색슨 마뉴스크립의 아칸투스 장식에서 유래한다. 특히 윈체스터 스쿨의 마뉴스크립이다.

방 스톤(Vang stone)은 11세기 노르웨이 오프란드의 방에서 발견된 룬스톤이다. 본래 방의 통나무 스테브 교회 바깥에 위치하였고, 교회가 허물어지고 1844년 독일 크룸위벨로 옮겼을 때 이 돌은 현 위치로 옮겨졌다. 룬 비문들은 그것이 기념비임을 설명, "고세의 아들이 그들 동료의 아들 구나르의 기념으로 이 돌을 세웠다." 비규칙적 석판으로 만들었고 2.15m 높이, 1.25m 넓이, 8~13cm 두께이다. 앞면의 장식은 링게리케 스타일로 리본, 잎, 사자를 묘사한다.

이것의 더 섬세한 변형이 금속으로 만든 스웨덴 칼웅게 바람개비에 나타난다. 한 면에 그레이트 비스트, 다른 면에 엮어져 싸우는 두 뱀으로 그들 몸체에서 싹이 나거나 덩굴손이 있다. 이 스타일은 덴마크 왕 카눌이 통치하였던 영국에서 특히 번창하였다. 영국에 많은 바이킹 후원자가 있었고 또 당시의 윈체스터 스타일에 숙달한 예술가들에 쉽게 동화될 수 있었다. 윈체스터 아칸투스에서 링게리케의 미묘한 변경은 할리 시편(Harley Psalter)과 비교할 수 있다. 아칸투스는 풍부하고 조절되었으나, 후기에 들어서 더 얇아지고 공격적이며, 경계선을 초과한다.

흥미 있는 다른 예는 초기 11세기 그레이트 비스트와 뱀에 컬러를 가한 룬 문자로 이미 언급한 1852년 런던 상 폴 교회 무덤에서 발견된 기념비 일부이다. 석판은 동물과 뱀의 투쟁을 묘사하며 낮은 렐리프로 새겨졌다. 배경은 컬러로 칠하였고, 짐승은 하얀 점들

영국 람제이 시편 마뉴스크립에 나타난 동물, 덩굴손, 아칸투스

방 스톤의 링게리케 스타일

163

로 덮었다. 같은 스타일의 유명한 유물은 청동판 바람개비로 윈체스터에서 발견, 영국 금속 세공을 재현한다.

링게리케 스타일은 아일랜드에 영향 끼쳐 약 1120년 클론막노이즈(Clonmacnoise) 승원장의 지팡이에서 볼 수 있다. 영국에서 이 스타일은 노르만 정복 전 짧게, 1050년경 인기를 잃으며 아일랜드는 1120년까지 계속하였다.

클론막노이즈 승원장의 지팡이

노르웨이 부스케루드의 헤겐 교회 바람개비의 그레이트 비스트. 놋쇠와 동도금. 길이 28cm, 높이 29cm. 약 1000~1050년. 문화역사박물관, 오슬로 대학

11세기 초 헬싱란드, 서데라라 교회의 링게리케 스타일로 동으로 도금한 바람개비. 넓이 37.7cm. 그전에 바이킹 배에 사용

165

우르네스(1035~1150) 스타일

우르네스 스타일은 11세기 중반에서 12세기 중반의 바이킹 동물 예술의 마지막 단계이다. 노르웨이 우르네스 스테브 교회의 북쪽 문에 따라 이름 지어졌으나 대부분은 스웨덴 우프란드의 룬스톤들로 어떤 학자들은 "룬스톤 스타일"로 부르기 원한다.

스웨덴 룬스톤의 링게리케 스타일에서 진화된 것으로 맘멘과 링게리케 시대들의 강력한 짐승들이 더는 나타나지 않는다. 대신 동물은 엷은 리본들로 둘러싼 몸체처럼 우아한 그레이하운드 같다. 단단한 패턴에 서로 엮은 날씬한 스타일이다. 머리는 옆모습이며 가느다란 편도(almond) 모양의 눈을 가지고 코와 목 위쪽으로 컬을 지었다. 지극히 스타일화된 동물로 8자 모습과 다수의 고리 구성이다. 잎 패턴은 존재하지 않고 과거 스타일을 표시하려 동물 머리나 싹을 가진 엷은 커브진 리본으로 되었다.

약 1000년 우르네스 스타일의 청동 장식. 덴마크 국립박물관. 코펜하겐

우르네스 스타일의 우프란드 룬 비문, 871년

우르네스 스타일의 영향을 받은 영국 피트니 브로치

우르네스 교회에 처음 나타난 우르네스 스타일의 사자와 뱀

우르네스 스타일에 두 기술이 적용되었다. 거의 12cm 깊이로 칼 끝이 가는 높고 둥근 렐리프와 낮고 평평한 렐리프에 같은 패턴이다. 가느다란 선은 종종 동물 머리에서 끝맺으며, 유연하고 우아하며 넓은 고리에 서로 컬을 진다. 동물들의 쉬운 파악은 이들의 다른 두꺼움이다. 새김은 문, 문의 박공, 두 널빤지, 구석 기둥까지 발견되며, 약 1160년 후의 교회와 병합되었다.

이 훌륭한 특질은 영국과 아일랜드에서 발견된다. 로마네스크 예술이 스칸디나비아에서 다소 지배적인 후 오랫동안 이곳에서 인기를 지탱한 탓이다. 피트니(Pitney) 브로치는 스칸디나비아에서 만들었지만 소메셑에 발견, 두 다리 도마뱀이 투쟁한다. 덜함의 란눌프 플람바 주교의 지팡이도 우르네스 동물로 장식, 그리고 이 스타일의 돌 조각은 노르위치 성당과 서섹스 제빙턴의 기둥머리에서 발견된다. 아일랜드에서 이 스타일은 수정되어 동물이 더 간결하고 대칭으로 정돈되었다.

스테브 교회의 시작

건축 스타일

현존하는 28 스테브 교회

노르웨이 스테브 교회

스테브 교회의 시작

스테브 교회(Stave Church)는 노르웨이 중세기의 목재 교회이다. 많은 초기 교회는 하중을 견디는 요소로 땅과 접촉하는 통나무 기둥(stave/post)을 사용하였다. 주교, 후원자, 건축가가 교회 디자인과 건설에 참여, 주교는 국제적인 교회 전통을 대표하고, 후원자는 충분한 자금을 확신하며, 건축가는 가능한 지식 해결책을 가져 교회 형태에 건설, 상세 부분의 결합과 처리에 노르웨이를 반영해야 한다.

실제 교회 디자인과 건설은 개인 노력과 실수로 발전되었다. 건축가들은 리더십, 분석, 문제 해결에 경험을 가져, 형태에 제도적 지식은 시대를 통해 살아 있는 이야기로 전하여졌고 다른 시간에 다른 건축가에 의해 개입, 발전, 변화하였다. 따라서 스테브 교회는 노르웨이 옛 지방 건축 실습과 함께 중동과 유럽 전통의 복잡한 혼합이다.

노르웨이 주교들은 대주교가 스칸디나비아를 대표하여 스웨덴 룬드에서 임명될 때까지 독일 브레멘 대주교에 종속되었음을 이미 언급하였다. 1153년 직접 로마 교황 아래 교회의 별도 지역으로 대주교가 니다로스에 기반을 두며, 잠시 후 세계의 최북쪽 교회가 성 올라브 무덤 기지에 세워졌다. 이 결과로 북유럽 순례 목적지는 이곳 마을과 소통을 가능케 하여, 노르웨이는 영국과 프랑스의 패턴을 따라서 여러 곳에 경건을 소개하는 승원들을 세웠다.

12세기부터 1349년 흑사병까지 수천 개의 스테브 교회가 노르웨이 남쪽에 건설되었고 약 270개 돌 교회도 있다. 광활한 숲으로 대부분 교회가 나무로 세워졌고, 현재 28개 중 우르네스는 가장 오래되고 높은 수준의 공예 기술과 정교한 새김을 자랑한다. 바이킹

우르네스 교회(드로잉: 요한 크리스티언 달, 1788〜1857)

보르군드 스테브 교회 내부

시대는 사라졌지만, 노르웨이는 여전히 항해자로 지방 조건들에 새
아이디어를 가져왔다.

스테브 교회는 말뚝을 둘러친 건설이며 땅에 고착된 기둥들로 완성된다. 통나무는 반으로 잘라, 땅에 박고 지붕이 세워졌는데 유럽 전반에 발견되는 단순한 건설이다. 그러나 땅-고착 기둥들은 습기를 받기 쉬워 시간이 지나면서 부패하여, 방지책으로 기둥들이 큰 돌 위에 놓였다. 그 후 기둥들은 문턱 위에 세우며 돌 기반에 기대었다.

두 카테고리로 타입 A(자유롭게 서 있는 기둥이 없는 것)와 타입 B(올린 지붕

카우팡게 교회는 소근-프욜다
네에 위치

174

과 자유롭게 선 내부 기둥들)이다. 타입 B에는 두 그룹이 있다.

(1) 카우팡게(Kaupanger) 그룹은 기둥들의 전 아케이드 열과 측면을 따라 중간 기둥, 기둥 머리로 돌로 지은 바실리카 교회 같다. 단독 교회는 사각형의 본당과 더 좁은 사각형 성가대석을 가진다. 스테브 교회의 이 타입은 12세기 초 보통으로서, 카우팡게, 우르네스, 호퍼스타드, 롬, 할트달렌, 운드레달, 헤달, 레인리, 아이즈보그르, 몰라그, 우브달, 노레, 허이요스, 럴달, 가르몬 스타브 교회이다.

(2) 보르군드(Borgund) 그룹은 위, 아래의 연속 갑판 보와 기둥들을 결합하는 십자 부목대와 기둥들이다. 견고한 연결을 위해 돌 바실

보르군드 스타브 교회(위)와
내부(아래)

175

리카 교회의 갤러리와 닮았다. 많은 교회는 바깥 갤러리를 가져 거친 날씨로부터 교회를 보호하거나 종교 행렬에 사용된다. 보르군드, 골, 헤게, 허레, 로엔, 링게부, 어이에 스타브 교회이다.

기둥을 직접 땅에 받은 기둥 교회의 흔적이 덴마크 유트란드에서 발견되었다. 그리고 옛 기둥 교회에 표시들이 옐링의 돌 교회에서도 나타났다. 스웨덴의 경우는 약 1500년 옛 교회 위에 세운 헤다레드 스테브 교회이다. 말뚝으로 둘린 기둥 교회의 흔적은 룬드의 마리아 미너 교회, 고트란드의 헴세 교회의 옛 부분에서 볼 수 있다.

스칸디나비아에 로마네스크 예술 도착은 토착 예술 디자인을 감소시켰다. 기독교는 기독교 건축이 필요, 스칸디나비아는 외국의 예들에 의존하였다. 노르웨이는 수백 개의 조그만 돌 교회를 라인란트, 잉글랜드, 롬바르디의 것들에서 영감받았다. 그런데도 스테브 교회 건축에 나무 조각과 용 모티브는 기독교 시대에도 침투하였고, 지방 형태는 12~13세기 나무 세공에 계속 사용되었다. [1]

11세기 중반, 브레멘의 아담이 덴마크를 방문하였을 때 스코네 자체 300개 교회 중 얼마가 스테브 교회, 혹은 기둥 교회(post church)

---

[1] The coming of Romanesque art to the North considerably curtailed indigenous artistic design. Christianity required Christian architecture and for this Scandinavians were dependent on foreign examples: the countries are covered with hundreds of small stone churches-and a few large one-inspired by examples in the Rhineland, England, and Lombardy. Nonetheless, native forms continued in use for wood carving in the twelfth and thirteenth centuries, while the outstanding sculpture and architecture of the Norwegian stave churches show the persistence of fighting dragon motifs well into Christian times. (Lawrence Gowing, ed.). "The Encyclopaedia of Visual Art: History of Art" vol. 3, London: Encyclopaedia Britannica International Ltd. 1983, p.422.

영국 헤레포드 킬펙의 상 메리 교회 입구에 나타난 동물 모티브

인지 알 수 없었다. 영국 에섹스 그린스테 교회는 스테브 교회와 닮았고, 헤레포드 킬펙의 상 메리 돌 교회는 용머리를 묘사한다.

스테브 교회의 문 장식은 유럽 로마네스크(Romanesque) 조각 예술에 노르웨이의 독창적인 기여이다. 그렇다고 이 특징이 다른 문화에서 영향받지 않음을 의미함이 아니다. 11세기 노르웨이 예술에서 유산받은 상세함과 병합하여 새로운 것이 나타난 것이다. 노르웨이 스테브 교회는 외국과 강한 연결을 보이며 일부를 제외하고 로마네스크 이전의 예술과 관련되지 않는다.

문 장식 새김에 있어 서쪽 노르웨이 스타일이 동쪽 지역으로 퍼지며 더 독립성을 보이는데, 외국 도시들의 문화 영향이 기교와 공예의 번창하는 원주민 전통과 연결되었다. 국제적 로마네스크 스타일은 이곳 교회 당국으로부터 인정받아, 현재 보존된 120개 문 중에 약 80개는 그들의 크기와 거창함으로 교회의 주 입구를 제시한다.

현존 교회들에서 서쪽 문이 주 입구였음을 알 수 있고, 옆문은 당시의 유행이었다. 12세기 후반과 13세기에 다른 입구도 똑같이 중

12세기 후반의 오프란드 헤달 교회 입구(위), 헤달 스테브 교회 입구 드로잉(아래)

요시되었는데, 원칙상 이것은 퇴폐로 간주한다. 장식 없는 단순한 문이 거의 적게 보존됨은 스테브 교회가 19세기 허물어졌을 때 몇 도시는 이것을 덜 중요하게 여겨 파괴하였다. 훌륭한 장식문은 오슬로, 베르겐, 트론드하임 박물관으로 보내졌다.

로마네스크 스테브 교회 입구 장식에 특수한 모티브는 용, 사자, 덩굴손이다. 입구에 나타난 용의 기원이 확실함은 우르네스 스타일로 초기 노르웨이 룬스톤과 유사하며 또 11세기 초기 링게리케 스타일과도 닮았다. 그리고 12세기 유럽 예술 영향은 잎 장식이다. 줄기 주위에 고리를 가진 큰 잎으로 앵글로-노르만 일류미네이트 마뉴스크립에 자주 나타난다. 영국 학자들은 이것을 "비잔틴 꽃"으로 부르며 프랑스와 영국 로마네스크 예술에 애호되었다. 독일은 오토니언 시대까지 거슬러 올라간다. 노르웨이 스테브 교회 문의 비잔틴 꽃 모델은 영국이나 독일일 것이다.

다른 특색은 문 기둥머리에 앉거나 서 있는 사자이다. 서 있는 사

영국 로마네스크 기둥머리의 비잔틴 꽃(왼쪽), 우르네스 기둥머리의 덩굴손(오른쪽)

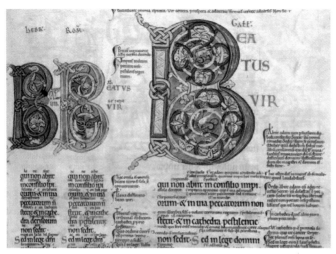

어드와인이 쓴 캔터버리 시편에 나타난 덩굴손

자들은 노르웨이에서 유래한다. 스웨덴 룬드의 사자는 라인란트 지역의 것과 비슷한데, 프랑스-영국 지역에서 혹은 이들을 통하여 스칸디나비아 서쪽까지 영향을 끼친 것 같다. 영국과 북이탈리아 롬바르드(Lombard) 요소가 섞인 노르웨이 스테브 교회는 일류미네이트 마뉴스크립의 사자를 추적할 수 있다. 12세기 초 캔터베리에 앵글로-노르만 마뉴스크립에서 한 용과 한 사자가 기둥머리에 놓여 있다.

12세기 중순 덴마크의 한 화강암 문에 나타난 덩굴손은 서 있는 사자의 잎에서 성장하며, 이것은 노르웨이 스테브 교회의 것과 같은 방법이다. 따라서 1125년 후, 입에서 성장하는 덩굴손을 가진 동물 머리의 노르웨이 현존은 롬바르드 영향을 의미하며, 유럽 예술이 스칸디나비아로 이전한 강한 제시이다.

롬바르드 영향은 12세기 후반 노르웨이 베르겐 성당의 워크숍에서 활발하였고 1130년도 룬드에서 초대한 공예인들에 의해 이전되

보르군드 교회의 기둥머리 사자　　　이이스보르그 교회의 기둥머리 사자

었다. 베르겐에서 존재한 강한 앵글로-노르만 영향은 남유럽의 영
향과 혼합하였다.

건축 스타일

1892년 노르웨이 학자 디에트릭슨(Dietrichson)은 스테브 교회 최초의 문과 입구의 장식 파편에 따라 그룹 지었고 이 이론은 여전히 인정된다.

(1) 아일랜드, 앵글로-노르만 영향의 고풍 섹션(11세기~c.1150)으로 우르네스 최초 교회 문과 구드브란스달 보고의 남쪽 날개 문

(2) 거의 다른 알려진 문을 로마네스크 섹션(c.1150~1250)으로 정하고 이 섹션을 재분류

2a. 소근-발드레스 섹션: 가장 정교하고 많은 문의 보존 지역

2aa. 호퍼스타드 그룹: 소근-발드레스의 초기(1150~c.1180)

2ab. 스테데예-후룸 그룹: 소근-발드레스의 후기(1180~1250)

2b. 텔레마르크 섹션(c.1180~1190, 아트로)

2c. 고대 북구 신화(c.1175~1200, 힐레스타드): 인물 모티브로 장식된 몇 교회, 서쪽 세테스달에서 동쪽 베스트폴드로 연장

(3) 퇴폐 섹션

(1) 타입: 우르네스 스테브 교회(Urnes, 1131)

우르네스 교회는 본래 장소에 여전히 위치한다. 스테브 교회 중에 가장 오래된 것으로 기독교 건축과, 전형적인 우르네스 동물 스타일의 바이킹 시대 건축, 예술 형태를 연결한다. 고고학적 발굴은 현대 건물 전에 한두 개의 남은 교회 파편을 발견하였다. 교회는 처음에 땅에 고착 기둥을 세우려 구멍을 팠다. 초기 기둥 교회에 속하며 자유롭게 서 있는 기둥 사이에 삽입한 짧은 문턱으로 지탱되는 타입이다.

중세기 우르네스의 대농장은 족장의 의석이었고 전략상 루스터 프욜드와 다른 편 지역을 바라보는 곳에 있었다. 우르네스 가족은 강력하여, 사가는 알리기를 가우트는 12세기 우르네스 토지의 영주로 그리고 아들 욘과 우난은 마그누스 엘링손을 봉사한 배 선장이었다. 새로운 교회는 그들 가족에 빈번히 사용, 석기 시대 발견물은 기독교 이전 이곳 정착을 증명한다.

교회 건물에 세련된 공예인들이 초대되었다. 그들은 경험을 가져 나무에 숙련, 건물의 약 2,000 분리 조목을 조합하였다. 주요 구조의 통나무는 그 장소로 들어 올린 단단한 프레임을 만들기 위해 땅 위에서 조립하였다. 다른 보존된 스테브 교회의 어떤 것도 우르네스처럼 풍부히 장식되지 않았다. 기둥머리의 새김은 로마네스크 돌 교회에서 모델을 가져왔는데, 아마도 공예인들을 니다로스의 먼 곳에서 초대받았으며 니다로스 교회(1000년 말) 건설에 종사하였던 석공 기술 경험을 소유하였다.

교회 건물은 직사각형 본당과 더 좁은 성가대 석으로 구성되며, 이들 위에 올려진 공간이 있다. 교회는 중세기 어느 지점에서 성만찬을 위한 성합(ciborium) 제단이 천개(canopy)를 가지고 성 단소(chancel) 입구 옆에 세워졌다. 이 공간을 위해 여러 통나무가 잘렸다. 교회는 1537년 종교개혁이 일어날 때까지 약 400년 좋은 상태로 사용되었다. 가톨릭 대주교 올라브 엘드렉손이 파손함으로써, 루터교 가르침이 대신 이루어졌다.

기독교 성인을 숭배하는 전통은 금지되었고 가장 오래된 교회 예술 대부분도 사라졌다. 연단이 설치되고 교회 좌석이 넣어지고 성 단소 입구가 더 나은 조명의 요구로 넓혀졌다. 창문이 설치되고 천장이 열린 서까래 아래 지어졌다.

가톨릭 시기 우르네스는 교구 교회였으나 종교개혁 후 함슬로의

우르네스 교회 전경(위), 실내(아래)

돌로 지은 로마네스크 니다로스 교회, 1000년 말

본 교회에 종속하였다. 1720경 프레드릭 IV세는 이 교회를 대북구 전쟁에 비운 대중 금고를 증가하고자 처분하였으며 크리스토퍼 문테 목사가 구매하였다. 1850년 또다시 교구가 교회를 구매함으로써 개인 소유가 되었다. 교회는 1880년 노르웨이 고대 모뉴멘트 보존 소사이티(Preservation of Norwegian Ancient Monumentary Society)에 기증되고 1979년 유네스코 세계 유산 목록에 포함되었다.

20세기 교회 재건으로, 남은 중세기 구조 부분은 바닥, 문턱, 구석 기둥, 벽 측면 그리고 통로 벽 판이다. 현 교회 북쪽 문 입구의 박공, 벽 측면도 우르네스 스타일 장식인데, 추측은 주 입구가 서쪽으로 향한 점이다. 문 오프닝은 정사각형 머리로 문 프레임이 위쪽으로 모인 열쇠 구멍 같다. 측면 기둥(jamb)은 강하게 커브지며, 깊은 평면 렐리프에 비해 문 잎은 낮고 평평한 렐리프이다.

교회의 가장 중요한 북쪽 입구 장식을 해석하려는 여러 시도가 있었다. 이미지들은 위쪽으로 감아 올라가는 한 뱀을 대표한다. 아래쪽 끝에는 네 다리로 뱀을 물고 있는 한 짐승에 감긴 스타일화된 사자이다. 사자는 중요 위치가 아닌 왼쪽 측면 기둥 바닥에 두었고, 큰 뱀은 Z 모습에 숫자 8로 감는다.

노르웨이 학자 모(Moe)는 주장하기를, 문 장식은 4개 파넬이 대칭적인 서로 엮인 리본 짐승들로서, 2개의 크고 뒤로 맞선, 2개의 작은 직면하는 구성이다. 모든 짐승은 서로 곡선을 이루며 그들 스스로 혹은 이웃을 문다. 사자는 실 같은 꼬리에 가늘고 꾸불꾸불한 다리들로 인터레이스 효과를 풍부히 한다.

우르네스 스테브 교회 문의 잎과 동물로 엉킨 모티브는 기독교 예술인가? 북구 이교도 믿음으로 선과 악 혹은 이교도와 기독교의 투쟁인가? 세계 나무(Tree of World)인가? 일반 해석은 선과 악의 영원한 투쟁이다. 기독교 이코노그라피에서 사자는 그리스도로, 뱀으로 상징된 사악과 투쟁한다. 뱀은 사탄의 일반적인 재현이다.

아니면, 초기 교회 장식은 스칸디나비아 신화 장면을 묘사, 이 문맥에서 동물은 이그드라실(Yggdrasil) 뿌리를 먹는 니드허그로 해석되며, 서로 감은 뱀과 용들은 라그나뢱으로 세계 끝을 대표한다. 세계 나무는 하늘을 지탱하는 아주 큰 나무로, 천국 하늘과 지상세계를, 그리고 그 뿌리로 지하세계를, 더하여 생의 나무(Life of Tree)와도 관련된다.

우르네스 입구 문의 특색은 두껍고 가는 선의 일정한 인터레이스로 8자 모습의 재발하는 리듬과 정력이다. 격렬히 전투하는 동물 장면

우르네스 북쪽 주 입구로 사자, 수사슴과 뱀에 의해 삼켜지는 선과 악의 투쟁 혹은 세계 나무의 상징

이그드라실은 아이슬란드 에다 산문시에서 증명되는데, 작가 스노레는 이그드라실을 매우 큰 신성한 물푸레나무로 다루었다. 에시르 신은 그의 궁정을 지키려 매일 이그드라실에 간다. 이 나무 가지들은 천국 깊숙이 뻗었고 나무는 다른 위치로 멀리 퍼지는 3개의 뿌리(Urdarbrunnr, Hvergelmir, Mimisbrunnr)로 지탱되었다. 이그드라실에 거주하는 동물은 수사슴, 독수리 모양의 거인, 다람쥐, 용 모습의 니드허그이다.

학술 연구는 이그드라실의 어원이 나무들(mimamedr)로 스웨덴 웁살라 신전의 성스러운 나무를 추측한다. 에다 시들은 세계 모든 것에 포함된 힘을 믿어, 『그림니스몰』 35에서 세계 나무는 그 가지들을 전 세계로 펼치며 천국에 이르렀다.[2]

---

2 Three roots spread three ways
   Under the ash Yggdrasil:
   Hel is under the first,
   Frost Giants under the second,
   Mankind below the last.

   Rat-Tusk is the squirrel who shall run up
   Yggdrawil the ash tree,
   Bearing with him the words of the eagle
   Down to Nidhögg beneath.

   Four the harts who the high boughs
   Gnaw with necks thrown back:
   Dain and Dvalin, Duneyr and Durath
   ⋮
   The hardships endured by Yggdrasil
   Are more than men can dream of:
   Harts bite the twigs, the trunk rots,
   Nidhögg gnaws at the roots.

에밀 데플러가 묘사한 라그나록의 마지막으로 불로 세계가 휩쓸림. 1905년

콜링우드의 라그나록, 1908년

약 1000년 고스포스 교회, 그리스도 십자가에 못 박음과 라그나록에서 신들과 괴물들의 투쟁. 꼭대기 인간은 입을 크게 벌린 뱀과 대항

세 뿌리가 세 가지 길로 퍼진다.
물푸레나무 이그드라실 아래서,
지옥은 첫 아래 있다.
서리 거인이 그다음 아래,
인간은 마지막 아래이다.

쥐 엄니는 다람쥐로 뛰어오르는
이그드라실 물푸레나무로
독수리의 말들을 간직하면서
밑의 니드허그로

큰 가지를 가진 네 수사슴이
목들을 뒤로 하여 갉아먹는다.
다인, 드발린, 두네이르, 그리고 두라토르.
               ⋮
이그드라실에 견딘 고난들
인간이 꿈꿀 수 있는 것보다 더 많다:
수사슴은 나뭇가지, 썩은 줄기를 물어뜯는다.
니드허그는 뿌리들을 갉아먹는다.

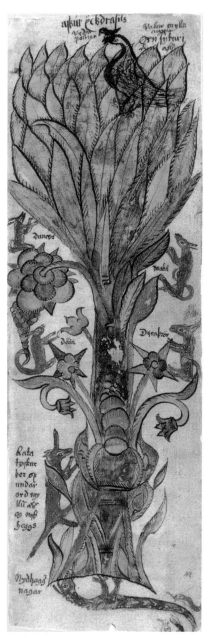

17세기 아이슬란드 마뉴스크립 AM 738 4to에 나타난 이그
드라실

(1) 타입: 보고 교회(Vågå, c.1100~1135)

구드브란스달에 위치한 보고 교회의 남쪽 입구 문은 타입 1에 속한다. 보고 그룹의 짧고 조그만 동물 형태는 다른 그룹들의 것과 다르다. 사자들이 뒷면으로 움직이며, 두 마리의 큰 용이 대칭적으로 우르네스처럼 문 오프닝에 있다. 소근-발드레스 그룹에서 세 마리의 용 전투와 관련된다. 1000년 말 로마네스크 니다로스 교회의 돌조각 영향을 증명한다.

(2) 타입: 호퍼스타드 교회(Hopperstad, c.1140~1150)

교회 설립의 기원은 전설로 남아 있으며, 스테브 교회의 가장 오랜 것 중의 하나로 1140년경이다. 700년 동안 교회는 사용되지 않았고 외부는 벗겨진 상태였다. 1880년 노르웨이 고대 모뉴멘트 보존 소사이티가 건물을 구매하였다. 교회는 소근-프욜다네의 빅에 위치한다. 현재 본 장소에 있으며, 보르군드 타입으로 알려진 삼중(triple)의 본당 스테브 교회이다. 3개 입구를 가지며 서쪽 입구는 중세기 나무 조각의 덩굴손으로 유럽 예술에 잘 알려진 잎 모티브이다. 본당은 그 주위에 통로를 가진 올려진 방이며 성가대석은 본당

보다 더 좁다. 서쪽 입구 문 오프닝 위에 두 마리 용과 중심에 용으로 대칭적으로 맞대며 조그만 용들이 각 편에 더해진다.

(2) 타입: 힐레스타드 교회(Hylestad, c.1175~1200)

　힐레스타드 교회는 세테드달 지역에 위치, 12세기 후에서 13세기 초로 추정된다. 17세기 교회가 허물어졌을 때 교회 문의 조각 일부는 저장되어 다른 건물과 합병하였다. 저장된 조각은 현재 오슬로 문화역사박물관(Museum of Cultural History)에 보관된다.

　앞에서 언급한 유명한 시구르드의 전설 일부를 묘사하는데, 시구르드가 레긴을 죽이는 조각 일부는 두 문 패널에 새겨진 7개 장면으로 첫째 패널 3개, 둘째 패널에 4개이다.

(1) 대장간에서 시구르드와 레긴은 검 그람(Gram)을 연마

(2) 고친 검을 쥔 시구르드

(3) 시구르드가 검을 가지고 용 파프니르를 살해

(4) 시구르드가 용의 심장을 구워, 레긴이 잠자는 동안 그의 엄지 손가락으로 뺨

(5) 새들로부터 시구르드는 레긴이 자신을 죽일 음모를 듣는데 시구르드가 죽인 그의 형제의 복수

(6) 시구르드는 그의 검으로 레긴을 죽이고, 말 그라니(Grani)는 용의 보물을 운송

(7) 시구르드의 자형 군나르가 뱀 구덩이에서 뱀들을 가라앉히려 그의 발로 하프를 연주

1. 우르네스(Urnes), 소근 혹은 프욜다네, 1131년
2. 카우팡게(Kaupanger), 소근 혹은 프욜다네, 1190년
3. 가르모(Garmo), 오프란드, C.1150년
4. 할트달렌(Haltdalen), 서드 트러더락, 1170~1179년
5. 호퍼스타드(Hopperstad), 소근 혹은 프욜다네, 1140년
6. 토르포(Torpo), 부스케루드, 1192년
7. 롬(Lom), 오프란드, 1158년
8. 보르군드(Borgund), 소근 혹 프욜다네, 12세기 말

9. 헤달(Hedal/en), 오프란드, 12세기 후반기
10. 허레(Høre), 오프란드, 1180년
11. 링게부(Ringebu), 오프란드, 13~14세기 첫 전반기
12. 롤라그(Rollag), 부스케루드, 12세기 중후반기
13. 골(Gol), 현재 노르웨이 민속 박물관/부스케루드, 1212년
14. 플레스베르그(Flesberg), 부스케루드, 약 1200년
15. 헤게(Hegge), 오프란드, 1216년
16. 로멘(Lomen), 오프란드, 1179년

17. 노레(Nore), 부스케루드, 1167년
18. 어이에(Øye), 오프란드, 12세기 중후반기

19. 우브달(Uvdal), 부스케루드, 1168년, 노르웨이 여 화가 하리엘 박케가 그린 「우브달 스테브 교회의 실내」, 1909년

20. 헷달(Heddal), 텔레마르크, 13세기 초, 노르웨이에서 제일 큰 교회, 요한네스 플린토에가 그린 페인팅, 1828년
21. 아이스보르그(Eidsborg), 텔레마르크, 13세기 중반기
22. 크베르네스(Kvernes), 머레 혹은 롬스달, 14세기 중후반기
23. 러드벤(Rødven), 머레 멀 혹은 롬스달, 약 1200년
24. 레인리(Reinli), 오프란드, 1190년
25. 운드레 달(Undredal), 소근 혹은 프욜다네, 12세기 중반기
26. 그립(Grip), 머레 혹은 롬스달, 15세기 중후반기

27. 럴달(Røldal), 호르다란드, 13세기 첫 중반기, 아마 기둥교회
28. 허이요르드(Høyjord), 베스트폴드, 12세기 중후반기

카르뫼이 바이킹 페스티벌

　노르웨이 로갈란드 주의 한 지방자치 도시로 하게순드 남서에 있는 카르뫼이(Karmøy)에서 6월 사흘간 바이킹 페스티벌이 열린다. 목적은 카르뫼이가 바이킹 시대의 역사와 문화를 어린이와 가족들에게 친절한 방법으로 생생하게 보여줌으로써, 이곳이 바이킹 사가 스토리의 출처지로 인정되는 동시 우애와 문화 발전의 장소로 알림이다. 모든 행사는 바이킹이 거주하였던 지역에서 이루어지는데, 그곳을 재건축하여 페스티벌에 똑같은 분위기를 창조하며, 바이킹 시장, 화살 쏘기, 역사, 신화, 음악, 불 피우기, 대장간 일, 요술, 연극, 모피 전시회, 공예, 식물 염색, 약초와 스포츠 게임 등이 마련된다.

용어 해설

참고 문헌

바이킹 시대의
탄생과 업적

—

EIGHT

부록

용어 해설

오스가르드(Åsgard): 신들이 거주하는 집

비르카(Birka): 스톡홀름 가까운 섬에 위치한 스웨덴 무역 중심지

다네겔드(Danegeld): 평화의 보상으로 바이킹에 지급하는 공물

다네로우(Danelaw): 동잉글랜드의 덴마크 점령 지역

드락카(Drakkar): 큰 바이킹 전투배, 용(dragon)을 의미

발트(Baltic): 스칸디나비아 주변에 위치한 국가들

에다(Edda): 13세기 아이슬란드의 2개 문학 컬렉션으로 산문시 에다와 더 오래된 시 에다, 주로 중세기 스칼드 전통과 스칸디나비아 신화를 언급

프랑크(Frankia): 991년 프랑스 왕국, 바이킹 초기 시기에는 프랑크 족 통치자 샬레마네가 세운 카롤링 제국으로 현재 프랑스, 네덜란드, 벨기에, 서독일, 스위스, 오스트리아, 이탈리아 포함

프레야(Freya): 고대 스칸디나비아 이교도 여성 신으로 번식과 생식을 담당, 그녀는 죽은 전사의 반을 오딘과 나눔

풀트하르크(fulthark): 바이킹의 룬 알파벳으로, 그 첫 여섯 문자에 의해 명명됨

가르다리키(Gardariki): "요새들의 땅" 혹은 "도시들의 땅"으로 유럽 러시아를 의미

카자르 해(Khazar Sea): 캐스피언 해, 카자르족은 7세기 카자르 해 북쪽 고원에 정착한 터키 유목민

미크리가드(Mikligard, Greater City): 비잔틴 제국 수도 콘스탄티노플로 현재 이스탄불

노르드(Njord): 풍유, 수확, 항해를 담당하는 고대 스칸디나비아 신

오딘(Odin): 고대 스칸디나비아 신의 세계에서 최고 신으로 왕권, 전쟁, 시, 룬 문자의 지식과 연관

라그나록(Rangarok): 세계 마지막 시간의 전투

룬(Rune): 초기 게르만족의 쓰기 제도로 라틴과 에투르스칸 알파벳의 유래로 간주; 스칸디나비아 신화는 오딘이 창조

루스(Rus): 러시아에 살던 바이킹, 이름은 루오치(Ruotsi)에서 유래, 핀란드어로 스웨덴을 부르는 단어

사가(Saga): 중세기 아이슬란드 산문 이야기체 문학으로 주로 고대 스칸디나비아와 게르만 역사, 바이킹 여행, 전투, 아이슬란드 이동과 이들 가족 분쟁을 담는다. 『에길(Egil) 사가』는 아마 스노레 스투라손이 1220~1240년에 쓴 것으로 바이킹 시대 말에 아이슬란드 바이킹, 농부, 시인인 에길 스칼라그림손의 생에 관한다. 『하임스크링라(Heimskringla)』는 1230년경 스노레가 쓴 고대 스칸디나비아 왕들의 스토리임

세르크란드(Serkland): 의미는 확실치 않으나, 모슬렘 아바스 왕조를 의미

스칼드(Skald): 바이킹 시대와 중세기에 스칸디나비아 궁정에서 일하는 시인들을 일으킴, 스칼드 시는 두 주요 그룹으로 고대 스칸디나비아 시와 익명의 에다 시

토르(Thor): 힘, 맹세, 천둥과 번개, 비와 좋은 날씨를 다스리는 고대 스칸디나비아 신, 멀르너 해머로 신과 인간들을 보호

발할라(Valhalla): 전쟁에서 죽음 당한 전사 영혼들이 내세에서 축제와 결투를 하는 오딘의 향연홀

발키리(Valkyrie): 발할라에서 오딘과 함께 사는 초자연적 여성 전사

바랑기언(Varangian): 10세기 중반 사용된 단어로 그리스인, 아랍인들이 고국을 떠나 동쪽에 새로 도착한 바이킹 용병과 무역인들을 부른 어휘, 아마 고대 스칸디나비어 'var'은 서약으로 바이킹 전사와 무역인은 친교를 맹세하였기 때문이다. 바랑기언 친위대는 비잔틴 제국 황제의 엘리트 친위대

바이킹 시대(Viking Age): 850년에서 1050년까지로, 게르만의 철기 시대를 거쳐 북유럽과 스칸디나비아 역사 시대, 바이킹의 활동이 가장 활발하였으며 기독교 개종의 이전

참고 문헌

Almgren, Bertil (1944). *Vangstenen, Viking*. vol. VIII. Oslo.

Almgren, Bertil (ed) (1966). *The Viking*. London: C. A. Watts.

Arbman, Holger (1961). *The Vikings*. (trans. ed. Alan Binns). London: Thames & Hudson.

Anker, Peter (1970). *The Art of Scandinavia*. (vol. I). (trans. Aron Andersson). Hamlyn: London & New York.

Anker, Peter (1997). *Stavkirkene*. Oslo: J. W. Cappelens.

Bailey, Richard N. (1980). *Viking Age Sculpture in Northern England*. London: Collins Archaeology.

Barrett, Clive (1989). *The Viking Gods: Pagan Myths of Nordic Peoples*. Wellingborough: Aquarian Press.

Brink, Stefan & Neil Price (eds) (2008). *The Viking World*. London & New York: Routledge.

Blindheim, Martin (1965). *Norwegian Romanesque Decorative Sculpture, 1090~1210*. London: Alec Tiranti.

Brøgger, A. W. & Haakon Shetelig (1950). *The Viking Ships*. Oslo: Dreyers forlag.

Brønsted, Johannes (1924). *Early English Ornament: the Sources, Development and Relation to Foreign Styles of Pre-Norman Ornamental Art in England*. (trans. Albany F. Major). London & Copenhagen.

Brønsted, Johannes (1961). *The Vikings*. London: Penguin.

Bugge, Anders (1953). *Norske Stavkirker*. Oslo.

Campbell, Alistair (1971). *Skaldic Verse and Anglo-Saxon History*. London: University College London.

Christenson, A. E. (1968). *Boats of the North*. Oslo: Det Norkse Samlaget.

Christie, Sigrid & Håkon Christie (1950). *Norges Kirker*. (vol. 2). Oslo: Norske minnesmerker.

Clapham, A. W. (1964). *English Romanesque Architecture*. Oxford.

Collingwood, W. G. (1908). *Early Britain: Scandinavian Britain*. London: Society for Promoting Christian Knowledge.

Collingwood, W. G. (1927). *Northumbrain Crosses of the Pre-Norman Age*. Faber and Gwyer.

Crumlin-Pedersen, O. & R. Finch (1977). *From Viking Ship to Victory*. London: National Maritime Museum.

Crumlin-Pedersen, O. (2010). *Archaeology and the Sea in Scandinavia and Britain*. Roskilde: Viking Ship Museum.

Davidson, Hilda Roderick Ellis (1975). *Scandinavian Mythology*. London: Paul Hamlyn.

Davidson, Hilda Roderick Ellis (1976). *The Viking Road to Byzantium*. London: G. Allen & Unwin.

Dietrichson, Lorentz (1892). *Det Norske Stavkirker: Studier over deres System, Oprindelse og Historiske Udvikling*. Kristiania.

Dietrichosn, Lorentz & H. Munthe (1893). *Die Holzbaukunst Norwegens in Vergangenheit und Gegenwart*. Dresden.

Dodwell, Charles Reginald (1982). *Anglo-Saxon Art: A New Perspective*. Manchester University Press.

Dubois, Thomas A. (1999). *Nordic Religions in the Viking Age*. Philadelphia: University of Pennsylvania Press.

Elliott, Ralph W. V. (1959). *Runes, an Introduction*. Manchester University Press.

Ewing, Thor (2009). *Viking Clothing*. Stroud: the History Press.

Foote, Peter & David M. Wilson (1980). *The Viking Achievement: the Society and Culture of Early Medieval Scandinavia*. London: Sidgwick & Jackson.

Fuglesang, Signe H. (1980). *Some Aspects of the Ringerike Style: A Phase of 11th Century Scandinavian Art*. Odense: University Press.

Gowing, Lawrence (ed) (1983). *The Encyclopaedia of Visual Art: History of*

Art. (vol. 3). London: Encyclopaedia Britannica International Ltd.

Graham-Campbell, J. & Dafydd Kidd (1980). *The Vikings*. New York: The Metropolitan Museum of Art.

Graham-Campbell, James (1980). *Viking Artefacts: A Select Catalogue*. British Museum Publications: London.

Graham-Campbell, J. & et al. (eds) (2001). *Vikings and the Danelaw*. Selected Papers from the Proceedings of the Thirteenth Viking Congress 1997. Oxford: Oxbow.

Graham-Campbell, James (2013). *Viking Art*. London: Thames & Hudson.

Griffith, Paddy (1995). *The Viking Art of War*. Mechanicsburg: Stackpole Books.

Hauglid, Roar (1969). *Norske Stavkirker*. Oslo: Dreyer.

Haywood, John (1995). *The Penguin Historical Atlas of the Vikings*. London: Penguin Books.

Haywood, John (2013). *Viking, the Norse Warrior's (Unofficial) Manual*. London: Thames and Hudson.

Henderson, George (1910). *The Norse Influence on Celtic Scotland*. Glasgow.

Hagen, Anders (1967). *Norway*. (trans. Elizabeth Seeberg). London: Thames & Hudson.

Holmqvist, Wilhelm (1951). *Viking Art in the Eleventh Century*. ACTA Archaeological XXII. Copenhagen.

Hohler, Erla Bergendahl (1999). *Norwegian Stave Church Sculpture*. (vol. 2). Oslo & Boston: Scandinavian University Press.

Jansson, S. B. F. (1987). *The Runes of Sweden*. (trans. P. Foote). Stockholm.

Jones, G. (1960). *Egil's Saga*. Syracuse: Syracuse University Press.

Kendrick, T. D. (1949). *Late Saxon and Viking Art*. London: Methuen.

Kershaw, Jane F. (2013). *Viking Identities: Scandinavian Jewellery in England*. Oxford: Oxford University Press.

Kirsten, Wolf (2004). *Daily Life of the Vikings*. Westport: Greenwood Press.

Lang, J. T. (1988). *Viking-Age Decorated Wood: a Study of Its Ornament and Style*. Dublin: Royal Irish Academy.

Larsen, Ann-Christine (ed) (2001). *The Vikings in Ireland*. Roskilde: The Viking Ship Museum.

Lindqvist, Sune (1941~1942). *Gotlands Bildsteine*. (vol. 2). Stockholm: Wahlström & Widstrand.

Magnusson, M (1973). *Viking Expansion Westwards*. London: Bodley Head.

Moe, Ole Henirk (1956). *Urnes and the British Isles*. Acta Archeologa XXVI. Copenhagen.

Moltke, Erik (1981). *Runes and Their Origin: Denmark and Elsewhere*. (trans. P. Foote). Copenhagen.

Musset Lucien (1951). *Les Peuples Scandinaves au Moyen Age*. Paris: Presses Universitaires de France.

Müller, Sophus (1880). *Dyreornamentiken i Norden*. Kjøbenhavn.

Nylén, Erik & J. P. Lamm (1988). *Stones, Ships and Symbols: the Picture Stones of Gotland from the Viking Age and Before*. Stockholm.

Orrling, Carin (1997). *Vikings*. Swedish Institute.

Reynolds, A. & L. Webster (eds) (2013). *Early Medieval Art and Archaeology in the Northern World*. Leiden: Brill.

Rying, Bent (1981). *Denmark*. Royal Danish Ministry of Foreign Affairs.

Ó Floinn, R., H. B. Clarke, M. N. Mhaonaigh (eds) (1998). *Ireland and Scandinavia in the Early Viking Age*. Dublin: Four Courts Press.

Orchard, Andy (2002). *Cassel's Dictionary of Norse Myth and Legend*. London: Cassell.

Page, R. I. (1989). *Runes*. London: British Museum Publications.

Richards, Julian D. (2005). *The Vikings, a Very Short Introduction*. Oxford: Oxford University Press.

Roesdahl, Else (1998). *The Vikings*. (trans. M. Margeson & K. Williams). London: Penguin Books.

Salin, Bernhard (1935). *Die altgermanische Thierornamentik*. Stockholm: Wahlström & Widstrand.

Sawyer, P. H. (1982). *Kings and Vikings: Scandinavia and Europe 700~1100*. London: Methuen.

Shetelig, Haakon (1919). *Introduction to the Viking History of Western Europe*. The Norwegian Research Foundation.

Shetelig, Haakon (1917). *Osebergfundet*. (vol. 3). Kristiania.

Sturlason, Snorre (2006). *The Prose Edda: Tales from Norse Mythology*. (trans. A. G. Brodeur). Mineola: Dovre Publications Inc.

Statens Historiska Museum (1996). "The Viking Heritage, a Dialogue between Cultures". (exh. cat). State Musuems of the Moscow Kremlin, 29 May-16. September 1996.

Stenton, Frank (1957). *the Bayeux Tapestry*. London.

Strzygowski, Josef (1928, 1980). *Early Church Art in Northern Europe*. New York: Hacker.

Talbot, Rice David (1952). *English Art 871~1100*. Oxford.

Turville-Petre, E. O. G. (1964). *Myth and Religion of the North*. London: Weidenfeld & Nicolson.

Webster, Leslie (2012). *Anglo-Saxon Art: a New History*. London: British Museum.

Williams, Gareth (2014). *Viking Ships*. London: British Museum Press.

Wilson, David M. (1970). *The Vikings and Their Origins*. London: Thames and Hudson.

Wilson, David M. (1997). *Vikings and Gods in European Art*. Højbjerg: Moesgård Museum.

Wilson, David M. & Klindt-Jensen, O. (1980). *Viking Art*. George Allen and Unwin.

Image credit: (p10) Bukkia, The Public Schools Historical Atlas 1905 (12) dandebat.dk (13) Paal Sørensen (21A) Juanjo Marin (21B, 23A) Frank Vincentz (31B) Zinneke (36A) Wolfgang Sauber (36B) Johnbod (37L) Ealdgyth